중학교
Philosophy
철학2

중학교
Philosophy
철학2

| 김준식 |

교육과학사

머리말

2022년 5월에 『중학교 철학』을 출간한 지 벌써 1년이 다 되어 간다. 그리고 지난 일 년 동안 쉬지 않고 우리는 『중학교 철학』 2권을 준비해 왔다. 처음 『중학교 철학』을 쓰기 시작할 때 미리 책의 차례를 정해 놓았기 때문에 2권을 쓰는 것은 어떻게 보면 정해진 순서였다. 지난해 출간된 『중학교 철학』이 120쪽 정도였던 것은 중학생들에게 내용도 어려운 철학 책을 처음부터 두껍게 내놓을 수 없어서 분량을 조절했기 때문이다. 그리하여 『중학교 철학』 1권 다음으로 『중학교 철학』 2권을 내놓게 되었다.

1권에서 그랬던 것처럼 역시 『중학교 철학』 2권도 수업과 병행하여 글을 썼기 때문에 중학생들이 이해할 수 있도록 내용을 고르고 수업을 통해 다시 어려운 것을 정리하고 조정하여 쓰기는 했지만 그래도 내용이 어려운 것은 부정할 수 없는 사실이다. 특히 2권은 '변증'이라는 거대한 주제를 통해 본 동·서양

철학 이야기여서 수업을 진행하는 내내 진땀을 흘리며 설명하고 토론하고 또 설명하였다.

2권의 주제는 이미 말한 것처럼 '변증'이라는 높고 깊은 산맥이다. 비록 본질에는 근접조차 하지 못하고 단지 스치는 수준의 내용과 과정이었지만, 동양의 '도덕경'으로부터 시작하여 '장자 철학'과 '불교 철학'의 장대한 산맥을 넘었고, 다시 서양 중세의 '스콜라 철학'과 '종교개혁'의 깎아지른 절벽을 지나 막막한 평원에 이르렀는데, 거기가 바로 서양 문명과 철학이 더욱 폭발적으로 복잡하고 험난해지는 '근대'라는 지점이었다.

근대 철학의 기점으로 삼은 봉우리는 이전과는 전혀 새로운 세계관의 변화를 자극하는 '코페르니쿠스'를 시작으로 '경험론'의 '베이컨'이라는 봉우리를 힘들게 올랐다. 힘들게 오른 봉우리 앞으로 더욱 거대한 산, '데카르트'를 만났다. '데카르트'에서 너무 오래 지체한 우리는 다시 정신을 차리고 마음을 가다듬어 '스피노자'라는 또 다른 지평선에 이르렀다. 하지만 그 지평선 앞으로 변증의 산맥이 이루어 놓은 '합리론'과 '경험론'의 거대한 호수가 있었고, 그 깊고 넓은 호수를 조용히 바라보며 호수 둘레를 지나니 우리 앞에 나타난 것은 '칸트'라는 엄청난 산이었다.

절망적 높이와 넓이의 '칸트'를 넘어서기 위해 우리는 우리가 생각해 낼 수 있는 모든 다양한 방식으로 접근하였으며 어찌어찌 '칸트'라는 산 봉우리를 뒤로 하였지만 정상은 고사하고 제대로 된 봉우리 하나도 넘어서지 못했음을 자인할 수밖에 없었다. 비록 주변부이기는 하지만 천신만고 끝에 '칸트'를 지나 도달한 곳은 상상조차 하기 어려운 '헤겔'이라는 봉우리였다.

아이들은 이미 많이 지쳐 있고 나 역시 지쳐 있었지만 2권의 끝이 보이기 시작하는 지금 걸음을 멈출 수는 없다고 서로를 격려하며 마침내 '헤겔'이라는 거대한 봉우리의 언저리를 돌아볼 수 있었다. 1년의 시간 동안 끊임없는 의문을 가졌던 '변증의 그림자'를 아주 희미하게 보면서 지나쳐 온 '변증의 산맥'을 다시 하나씩 천천히 되짚어 본다.

어떠한 단계의 아이들에게도 내용이 어려워 가르치기 불가능한 주제는 없다. 다만 수업하는 교사의 능력과 열정 그리고 방향의 문제일 뿐, 중학생들에게 처음부터 불가능한 어려움 따위는 없을 것이다. 다만 나의 능력과 열정 그리고 방향이 여전히 부족하고, 혼돈 그 자체라는 것을 지나온 3년중학교 철학 1권을 포함의 과정이 그대로 보여준다. 아이들을 혼란스럽게 하고 그 혼란을 깔끔하게 정리해 주지 못한 나의 잘못이 매우 크다. 다만 그 과정에서 아이들은 지적 혼란과 더불어 각자의 한계를 보았을 것인데, 역설적으로 그러한 경험은 새로운 힘을 채울 수 있는 강력한 동기가 될 것이라는 것에 미약하지만 작은 희망을 걸어 볼 뿐이다.

2023년 4월 27일

지수중학교 교장실에서 김준식

차 례

중학교 철학 교육

1. 제언

우리 사회에 널리 퍼진 괴담 중에 '중2병'이라는 것이 있다. 사춘기의 정점에 있는 중학교 2학년의 불안정한 심리 상태를 대변하는 말이다. 약 10년 전부터 퍼진 이 말은 현재 우리나라 중학생의 사회적 위치와 사회를 향한 그들의 태도를 잘 나타내고 있는 말이다.

지금 우리나라의 중학생들이 가진 생각과 태도는 우리 사회의 반영反影이 분명한데 기성세대들은 그것을 '병'이라고 부른다. 치환해보면 우리 사회의 일부분이 병들었음을 그대로 인정하는 셈이 된다. '병'이라고 부르는 것은 '아프다'라는 의미다. 치료가 필요하고 더불어 예방까지 동시에 해야 한다는 의미를 함축하고 있다.

이제 초등학교를 졸업하고 몸과 마음이 성장하면서 사회의 태도와 가치를 습득해 나가는 세대인 중학생들이 무슨 이유인지 몰라도 아프다. 이것은 우리 사회의 토양이 건강하지 못하다는 반증이며 무엇인가 특별한 대책이 아주 신속하게 내려져

야 한다는 의미이기도 하다. 아이들이 건강하게 자라야 가족도 사회도 국가도 건강해진다. 병이 든 아이들은 병이 나아도 그 병의 흔적을 가지고 산다. 그 흔적은 때때로 삶의 방향을 혼란스럽게 하기도 하고 가끔은 방향을 잃어버리게 할 만큼 후유증이 크다.

중학생들의 정신적 건강이 위험해져서 '병'으로 불리기까지 우리 사회는 그들에게 거의 아무런 대책도 세워주지 못했다. 그저 "공부 열심히 하고, 부모님 말씀 잘 듣고, 어른들 시키는 대로 하고, 바르고 성실해라."는 말만 되풀이했다. 하지만 지금은 21세기다. 엄청난 관계와 속도가 아이들의 삶에 영향을 준다. '자아'가 아직 성장하지 못한 초등학생 시절에는 위의 말이 어느 정도 수용될지 몰라도 '자아'가 성장하는 초등학교 고학년과 중학생이 되면 위에 있는 어른들의 말이 대단히 공허해진다. 이유는 간단하다. 그 말들의 배경과 모순, 그리고 시대적 낙후성을 바로 알아차리는 것이다.

하지만 이런 아이들에게 여전히 가족부모과 학교와 사회는 위의 말을 앵무새처럼 되풀이하고 그 말에 질려버린 아이들이 이 지독한 속도와 관계의 사회에 살아남기 위해 나름의 자구책을 강구한 것이 '중2병'이라는 저항 혹은 반항으로 나타난 것이다.

흔히 말하는 탈 근대화의 첨병은 사실 우리 아이들이다. 가장 본능적으로 움직이는 우리 아이들에게 지금 우리가 가진 근대적 사고는 거의 무용지물이다. 이들은 일단 기성세대가 가지지 못한 엄청난 정보망을 장악하고 있다. 뿐만 아니라, 소통능력이나 관계 인식능력의 차원에서 비교해 본다면, 기성세대의 그것은 거의 원시인 수준이라고 할 수 있다. 이런 아이들이 우리가 지금 보고 있는 중학생들이다.

이들을 조련하려고 생각하는 것 자체가 지극히 권위적이며 근대적 사고방식이다. 이들은 조련 대상이 아니다. 우리 사회는 이들이 스스로 생각할 수 있는 여유와 정신적 공간을 그저 제공해야만 한다. 투입과 산출의 사고방식에서 벗어나 단지 제공하고 기다려주어야 한다. 그래서 생각해낸 것이 '철학 교육'이다. 자신을 향해 여행하게 만들고 그 여행의 출구를 스스로 찾아낼 수 있도록 기다림의 장을 열어주는 것이 바로 '철학 교육'이다.

즉, 이들이 스스로 생각하고, 그 생각의 결과에 따라 행동하고 태도를 결정하게 할 사유의 장을 '철학'이라는 도구로 제공하여야 한다. 어쩌면 이들은 이러한 촉매제 혹은 윤활제를 간절히 원하고 있을지도 모른다. 우리가 우리 앞 세대에게 배운, '삶을 살아가는 방식'을 알려주는 것은 매우 근대적 생각이다.

탈 근대를 지향하는 지금은 삶의 방식을 스스로 탐구하게 하는 장을 만들어 주어야 한다. 거기서 그들 나름대로 삶을 결정하고 그 결정을 수행할 자유가 그들에게는 있다. 그 장을 만들어 주는 것이 아직은 분명하지는 않지만 아마도 '철학 교육'일 것이라고 생각한다.

2020년에는 내가 있는 지수중학교에서 이 철학 교육을 시작해보려 한다. 내가 직접 교재를 만들고 직접 수업하면서 아이들의 변화를 지켜볼 생각이다. 아무런 효과가 없을지도 모른다. 하지만 투입과 산출의 공식으로 접근할 문제는 분명 아니다. 어쩌면 중학교를 졸업하고, 또 어쩌면 20대가 되어서 철학적 사유와 만날지도 모른다. 아니면 아주 오래 시간이 흐른 뒤일 수도 있다. 농부는 씨앗을 뿌리고 발아의 조건을 제공한다. 하지만 결국 발아와 성장의 결정적 요인은 씨앗 스스로 껍질을 깨고 발아해야만 한다. 교사인 나는 철학의 씨앗을 뿌리고 그 씨앗은 각자에게로 가서 언젠가 조건이 맞으면 분명 싹을 틔울 것이라 믿는다.

2. 방법적 고민

철학 수업의 흥미를 위한 작은 방법의 하나로 아이들 각자에게 철학자의 이름을 붙여줄 예정인데, 아마 단 한 번도 들어 본적 없는 외국사람의 이름이 매우 어색할 것이다. 하지만 최소한 자신의 목에 건 인물에 대해 한 번쯤은 의심을 가지리라는 희미한 기대를 걸며 근세 이후의 철학자 중심으로 이름을 선정했다. 선정 기준은 '가능한 아이들에게 덜 친숙한 사람, 그러나 제법 유명한 사람'이었는데, 사실 이러한 이질적 성질의 교집합을 찾기가 쉽지는 않았다. 자주 듣는 이름은 식상하기 때문에 아이들의 호기심이 없을 것이고, 덜 유명한 사람은 아이들이 자료를 찾기 어려울 것 같아 참으로 많은 고심 끝에 이름을 골라 네임 텍을 만들었다.

선정된 인물들의 철학은 몹시 난해하거나 아이들이 쉽게 받아들이지 못할 것이 분명하다. 사실 준비해 놓은 철학수업의 내용은 선정된 철학자들의 철학적 논리와는 아직 너무 멀다. 하지만 나의 목적은 '철학'이라는 단어를 학교교육과정 속에 심는 것이었다. 누가 무슨 내용으로 수업을 하든 철학이라는 과목을 중학교 교육과정에 편입시키는 것이 목적이기 때문에 시작점의 혼선은 예상 가능한 일이다.

3. 중학교 철학 2권을 내며

중학교 철학 1권을 출간하고 많은 분들로부터 격려와 충고를 들었다. 내용의 오류와 논리의 부조화 등은 2쇄를 통해 어느 정도 수정했지만 전체적으로 엉성한 것은 어찌 할 수 없는 부분이라 감수하기로 했다.

2권을 준비하고 또 쓰면서 다가온 문제는 1권의 문제와는 비교할 수도 없는 복잡한 문제였지만 나와 같이 수업하는 아이들을 설득할 수 있다면 그것만으로 다행이라는 생각으로 글을 썼다. 복잡하고 난해한 것은 사실 접근조차 어려워서 지레 겁을 먹은 적도 많지만 의외로 아이들에게 풀어서 설명하면 이해되기도 했다. 이제 1권과 비슷한 분량의 2권을 아이들 손에 쥐어주고 나는 사랑하는 지수중학교 아이들과는 영원히 이별을 고해야 한다.

3권부터는 홀로 이 작업을 수행해야 한다고 생각하니 불안과 걱정이 앞선다. 그 동안 있었던 모든 아름다운 순간과 행복했던 생각은 2020년부터 나와 같이 철학을 공부했던 지수중학교 아이들로부터 비롯된 것이다.

제4장

변증의 산맥

제4장 변증의 산맥

대부분의 꽃은 향기를 가지고 있다. 꽃이 향기를 가지는 이유는 매우 다양하지만 제일 중요한 것은 꽃의 향기로 곤충을 부르는 것이다. 꽃은 공기 중에 자신의 향기를 퍼뜨려 곤충을 유인하고 그 향기에 반응한 곤충들은 꽃으로 모여든다. 곤충에게 꽃 향기는 꿀이 있다는 신호이기 때문이다. 그렇게 모인 곤충들은 꽃에서 꿀을 얻는다. 꽃에서 꿀을 얻는 과정 중에 곤충은 자연스럽게 꽃 속에 있는 암술과 수술을 수정시키게 된다. 꽃은 꿀을 뺏기는 대신 수정을 하게 되고 그 결과 열매를 맺는 것이다.

이 과정만을 한정하여 '꽃'과 '곤충'의 관계를 살펴보자. 겉으로 보이는 관계는 '꽃'의 꿀을 '곤충'이 가져가는 것이기 때문에 그들의 관계는 일단 대립관계로 볼 수 있다. 하지만 내부적으로는 '곤충'에 의해 '꽃'이 목적하는 것수정으로 열매를 맺으려는 목적을 이루게 된다. 향기를 퍼뜨리는 근본 취지도 여기에 있다고 볼 수 있다. 즉 '꽃'과 '곤충'의 대립적 관계가 '꿀의 채취'와 '수정'이라는 병렬적 대립 과정을 통해 '열매'라는 새로운 결과로 나타나게 된다.

그렇게 해서 만들어진 '열매'가 시간이 지나 익게 되면 그 익은 '열매'의 색과 맛, 그리고 향기에 끌려 열매를 먹이로 하는 동물들은 자연스럽게 그 열매를 먹게 된다. 이를테면 '열매'와 '동물'의 관계는 앞서 이야기한 '꽃'과 '곤충'의 관계처럼 상호 대립적 관계이다.

동물들이 열매를 먹으면서 열매 속의 씨앗도 동시에 먹게 된다. 동물들의 소화기관 속에서 소화되지 않고 생명을 유지할 수 있게 유전적으로 설계된 씨앗은 동물들의 배설물과 함께 동물 밖으로 나오게 되는데, 이때 씨앗은 처음 열매가 맺혀있던 장소로부터 상당히 멀리 있는 곳에 놓이게 된다.동물의 이동과 동물 배설 행동의 특성으로 유추해 볼 때 열매를 맺어 동물을 유혹한 식물의 본래 의도대로 씨앗은 아주 멀리 퍼지게 되고, 그 씨앗은 조건이 형성되면 새로운 땅에 싹을 틔우게 되는데 이렇게 해서 식물은 자신의 분포를 확장 시키게 된다.

'열매'와 '동물'은 '꽃'과 '곤충'처럼 대립관계에 있지만 '섭취'와 '배설'이라는, 역시 병렬적인 대립과정을 통해 '씨앗'과 '식물의 영역분포 확산'이라는 새로운 결과로 나타난다. 동물들의 이동에 따라 퍼져 나간 '씨앗'은 '토양'과 다시 대립관계를 형성하고, '새싹'이라는 새로운 결과로 나타난다. 그리고 다시 '꽃'을 피우면서 거대한 순환이 계속되는 것이다.

이렇듯 대립적 관계나 상호 모순을 원리로 하여 사물의 개념 및 변화의 상황을 설명하는 논리를 우리는 '변증법'辯證法, Dialectics이라고 부른다.

그리스어의 'dialektikē'에서 비롯된 이 말의 본래 뜻은 '대화술' 또는 '문답법'이었다. '변증법'의 창시자라고 알려진 엘레아학파[1] 의 제논[2] 은 '문답법'이란, 상대방의 주장에 대하여 스스로 자기모순이 있는가를 논리적으로 증명함으로써 자신의 입장이 올바르다는 것을 증명하는 방법이라고 말했다.

이와 같은 문답법은 '소크라테스'에 의해 매우 효과적으로 사용되었고 '플라톤'은 이것을 이어받아 '변증법'을 진리 인식의 중요한 방법으로 받아들이게 되었다.

1) '엘레아학파'(Eleatics)의 '엘레아'(Elea)는 현재의 이탈리아 반도 남부에 위치한 지명이다. '엘레아학파'는 이 지역에서 기원전 5세기경에 일어난 '소크라테스' 이전의 철학 학파이다. 창시자로 알려진 사람은 '파르메니데스'(Parmenides, 기원전 510년경~기원전 450년경)이며 대표적인 후계자로서 '엘레아의 제논'이 있다.

2) 엘레아의 제논(Zeno of Elea, 기원전 490년경~기원전 430년경): 소크라테스 이전 시대인 대 그리스(라틴어 Magna Graecia) 시절의 철학자. 엘레아 출신. 유명한 제논의 역설(아킬레스와 거북의 논리)을 창안하였다. 스토아학파의 제논과 구별하기 위해 '엘레아의 제논'이라고 부른다.

『중학교 철학』 제2권은 동 서양의 철학 속에 흐르고 있는 변증의 과정을 탐색해 보려고 한다. 중학생들에게 다소 어려운 부분도 있지만 앞서 말한 것처럼 교사의 노력과 열정이 부가된다면 미약하게나마 이해되는 부분도 있을 것이라고 생각한다.

철학의 바다를 항해하다가 만난 첫 항구에서 우리는『중학교 철학』 1권을 묶어 낼 수 있었다. 다시 항해를 떠난 지 1년 만에 우리는『중학교 철학』 제2권(변증의 산맥)으로 그 동안의 항해를 정리하려는 것이다. 아이들의 삶 속에, 너무나 미미할 수도 있겠지만 그래도 어느 정도의 철학적 의문이 있기를 바라는 마음에서 아이들과 함께 시작한 이 항해가 오래 이어지기를 바랄 뿐이다. 우리는 여전히 의문과 혼란스러움, 그리고 보이지 않는 세계를 향해 나아가고 있다.

제1절 도덕경 산책

1. '노자'와 『도덕경』

'노자'는 춘추시대 초나라[3] 고현 여향 곡인리 사람으로 성은 이李씨 이고 이름은 이耳이며 자는 담聃이다. 주周나라 수장실守藏室의 관리였다.[4] 그가 썼다는 『도덕경』은 '도道경'과 '덕德경'을 합하여 전체 81장으로 분류되어 있고 약 5천여자로 되어 있다. 『도덕경』은 대부분 완전한 문장으로 되어있지 않아서 문학 작품, 특히 시의 느낌이 강하다. 시적인 함축을 품은 짧은 글이기 때문에 사람마다 해석이 다를 수 있다. 따라서 『도덕경』의 한글 해석은 학자들마다 다양하다.

『도덕경』은 해석의 방향에 차이가 있기는 하지만 그 뜻은 대체로 매우 넓고 깊다. 특히 제목의 '도道'와 '덕德'은 매우 다양하고 깊은 뜻을 지닌다.

3) 초나라는 서기전 1000년쯤에서부터 역시 서기전 400년까지 약 600년 동안 중국의 장강(중국명 양쯔강) 유역을 지배했던 주나라의 제후국이었다. 주나라의 제후인 웅熊씨가 통치하였다 하여 웅초熊楚로 불리기도 한다.

4) '노자'의 성은 '이李' 씨이고 이름은 '이耳'로 알려져 있다. '노자'의 태어난 때와 죽은 때에 대한 정확한 기록은 현재 전하지 않는다. 그리고 3명의 유사한 인물을 '노자로 부르는데, 여기서는 『도덕경』을 쓴 사람을 '노자'로 본다.

우리가 공부하고 있는 '변증법'은 서양 철학에서 시작되고 이름 지어진 논증방법이지만 『도덕경』에서도 그와 유사한 여러가지 논증을 발견할 수 있다. 『도덕경』 81장 전체가 사실은 변증의 논리 구조를 취하고 있다고 해도 큰 무리가 없다.

예를 들어 제1장[5]을 보자. '도'가 무엇인지에 대한 설명을 '도'를 통해 하고자 한다. 이를테면 "'도'는 이렇고 저렇고 한 것이다"라고 설명하지 않고, 문득 "'도'라고 말하여 지는 것은 '도'가 아니다."라고 말함으로써 '도'와 '도' 아닌 것비록 '도'로 불리기는 하지만을 대립시킨다. 학자들에 따라 '도'를 '도' 아닌 것과 구분하기 위해 '참된', '바른' 등의 수식어를 '도' 앞에 붙인다.

조금 쉽게 '도道'를 풀이해보자. 한자 '道'는 머리 수首와 쉬엄쉬엄 걸어갈 착辵이 합쳐진 회의뜻이 합쳐진자다. 그대로 해석해보면 머리는 마음으로 보고, 쉬엄쉬엄 걷는 것은 몸으로 보아 몸과 마음이 천천히 같이 움직인다는 의미가 된다. 즉 머리가 가고자 하는 방향대로 몸이 움직이는 것이 바로 '도'라는 뜻이 된다. 이는 어떠한 가치기준이 개입하지 않은 상태를 말한다.

5) 道可道, 非常道, 名可名, 非常名. 無名, 天地之始 有名, 萬物之母(도가도, 비상도, 명가명, 비상명. 무명, 천지지시 유명, 만물지모). 『도덕경』 제1장 부분. 풀이하면 "'도'라고 말할 수 있는 도는 (참된) 도가 아니고 '무엇'으로 불리는 이름도 (참된) 이름은 아니다. 천지가 처음 시작될 때는 이름이 없지만 여러 사물들이 생겨나면서 이름도 만들어졌다."

그런데 이 행동을 '도'라고 부르는 순간, 즉 언어로서 한정하는 순간, 그 '도'는 진정한 '도'가 이미 아니라는 것이다.

뒤이어 나오는 명名 - 이름에 대한 논의는 앞의 '도'에 대한 논증의 예시일 수 있다. 즉 실존하는 사물에 이름을 붙이고 부르는 순간, 그 사물은 불린 이름의 틀에 갇혀버려서 실체와는 다른 것이 부가되기도 하고, 또는 실체와는 어긋나거나 이름을 부르는 순간 심지어는 본질을 훼손할 수도 있다고 본 것이다.

2. '노자'의 '도'

'노자'의 '도'에 관한 생각은 제4장[6] 에서 아주 희미하게 읽을 수 있다. '노자'는 '도'는 충沖, 즉 '비어 있음'으로 생각했던 모양이다. '비어 있다'는 것은 처음부터 없는 것이라기 보다는 있던 것이 없어진 상황이라고 보는 것이 맞다. 처음부터 없는 것은 '비어 있다'라고 쓰지 않고 그저 '없다'라고 표현하기 때문이다.

또 '비어 있음'이라고 쓴 것은 범위가 한정된 것그릇으로 비유이라고 보는 것이 타당하다.[7] 그래서 대립적인 개념인 '채우다'를

6) 道, 沖 而用之, 或不盈, 淵兮! 似萬物之宗(도, 충 이용지, 혹불영, 연혜! 사만물지종)『도덕경』 제4장 일부.

7) 沖을 『설문해자』에는 "盅, 虛器也(충, 허기야)"로 풀이한다. 즉 빈 그릇이라는 의미다.

사용하여 비어 있음을 더욱 강조한다. 하지만 결코 채울 수 없다고 단정한다. 역시 이것은 한정적 의미인 '채우다'의 대립적인 개념이다.

'노자'의 '도'에 대한 생각은 이렇게 유추될 수 있다. '도'는 '도'라고 부르는 순간 '도'가 아니다. '도'라고 범위를 정하기 때문이다. 그래서 범위 없는 상황에 직면한다. 그래서 '충'이라고 쓴다. 즉 '비어있다'라는 말을 통해 채워진 것을 덜어내는 이미지를 가져온다. 즉 범위의 개념을 슬쩍 부가한다. 그러다가 다시 '채울 수 없다'며 범위를 없앤다.

그러다가 미덥지 못했는지 다시 한번 더 연못에 비유한다.[8] 연못은 아마도 근원적 상황을 나타내는 비유일 것이다. 하지만 연못이라고 하니 범위가 확연하게 좁아진다. 그래서인지 몰라도 그 연못을 만물의 근본에 비유한다. 근본이라 함은 무엇인가? 만물의 시작점이니 모든 것이 그것으로부터 나왔다는 이야기가 된다.

이를테면 연못은 우주일 수도 있다. 만물의 시작점이기 때문이다. 우주의 모든 움직임과 구성의 이면에는 불변의 진리가

8) '연못'으로 해석하는 것에 대하여 개인적으로 약간의 고민이 있다. 차라리 '근원'으로 해석하는 것이 더 타당하다고 생각한다.

있다고 보아도 무방하다. 그것이 '도'라는 이야기로 합쳐진다. 즉 '정'과 '반'의 '합'이 다시 '정'이 되고 그것에 상대하는 개념이 끝없이 생성되는 변증의 과정이『도덕경』밑으로 흐르고 있다.

3.『도덕경』의 변증적 사고

『도덕경』의 내용을 살펴보면 대부분 두 가지의 생각이나 행동을 예시로 들고 그 다음 둘 중 하나를 선택하거나 둘을 통합하는데, 그것의 기준은 '도道'이거나 아니면 그것과 가까운 것들이다.

예를 들어 제1장의 내용 중 '무명無名'과 '유명有名'을 구분하고 이것이 도道라는 문門을 통해 통합된다는 식이다.

이러한 방식은 서양의 아리스토텔레스[9] 가 이야기한 '유종차類種差에 의한 정의定義'와 매우 유사한데, 사물을 정의할 때 각 사물의 두 가지 측면을 파악하고유개념 그 두 가지 성질의 차이, 즉 '종차'[10] 를 통해 사물을 정의하는 방식이다.

9) 아리스토텔레스(Aristotle, 기원전 384년~322년)는 고대 그리스의 철학자. 플라톤의 제자로 알려져 있으며 알렉산더 대왕의 스승으로도 유명하다. 그는 거의 모든 학문을 주제로 책을 저술하였다. 고대 그리스의 가장 영향력 있는 학자 중 한 명이며 그리스 철학이 현재의 서양 철학의 근본을 이루는 데에 크게 이바지하였다. 다만 중세 기독교 시대에는 철저하게 배척당한 철학자이다.

10) '정의定義'(사물의 뜻)를 판단하는 '아리스토텔레스'의 방법은 '유개념類概念'(비슷한

도덕경의 모든 내용은 거의 이러한 방식을 따르고 있는데 아마도 동 · 서양의 논리 전개 방식이 크게 다르지 않음을 볼 수 있다.

개념)을 먼저 분류하고, 분류된 유개념의 차이(이것을 '종차種差'라고 부른다.)를 파악하는 방식이다. 예를 들면 동물이라는 유개념이 있다. 사람도 동물에 속하는데 다른 동물과 차이점은 무엇인가? 그 차이가 '종차'다. 사람은 동물과 구분되는 이성이 있다는 점이 '종차'다. 그래서 '사람은 이성을 가진 동물이다.'로 정의된다.

보충학습 자료

1. 『도덕경』은 어떤 책인가?

우리가 읽고 있는 『도덕경』 전부가 노자에 의해 쓰여졌는지는 알 수 없으나 사마천의 『사기』에서 『도덕경』의 기원起源에 대한 이런 이야기가 있다.

"'노자'는 '도'와 '덕'을 닦았으며, 그의 학문은 자신을 감추고 이름을 드러내지 않는 것을 중시하였다. 주나라에 오래 머물다가 주나라가 쇠망해 가는 조짐을 보이자 마침내 떠나갔다. 관문일종의 국경검문소, '노자'의 지역과 관련된 국경검문소로는 '함곡관'이 있다에 이르자 그곳을 지키던 수문장 '윤희尹喜'가 말하였다. '선생이 은둔하려는 것 같은데, 저를 위해 글을 남겨주시길 간청합니다.'

이에 노자는 마침내 '도덕道德'의 의미에 대해 말하는 '도경', '덕경' 두 편, 약 5천여 자의 글을 남기고 떠났으니, 이후 아무도 그의 종적을 알지 못한다."[11]

이를 테면 주나라의 국립도서관장을 맡고 있던 '노자'라는 사람이 국운이 기우는 조짐을 보고 멀리 변방 밖으로 은둔하려고 가던 길에 '윤희'라는 관문지기에게 5천여 글자의 책을 남겼다는 것이다.

11) '사마천'의 『사기』 '노자한비자' 열전 제3 "老子脩道德, 其學以自隱無名爲務. 居周久之, 見周之衰, 迺遂去. 至關, 關令尹喜曰: '子將隱矣, 彊爲我著書.' 於是老子迺著書上下篇, 言道德之意五千餘言而去, 莫知其所終."

『도덕경』의 구성에 대해서는 오래 전부터 학자들간에 의견이 분분하였고, 성립 연대 및 실질 저자에 대해서도 논란이 많았는데, 한 사람이 한꺼번에 저술하였다는 관점과 도가학파의 손에 의하여 오랜 기간에 걸쳐 당시의 여러 사상을 융합시켜 만들어진 것이라는 관점으로 크게 나누어진다.

『도덕경』의 사상은 한마디로 '무위자연無爲自然' 사상이라고 할 수 있다. '무위'는 '도는 언제나 '무위'無爲-무엇인가를 하지 않음이지만 하지 않는 일이 없다' 의 '무위'이고, '자연'은 '하늘은 '도'를 본받고 '도'는 '자연'을 본받는다.'의 '자연'을 의미하는 것으로, 결국 『도덕경』의 사상은 모든 거짓됨과 인위적인 것에서 벗어나려는 사상이다. 이를테면 '좋다' '나쁘다' '크다' '작다' '높다' '낮다' 등의 기준들은 인간들이 만들어낸 상대적 개념이며, 이런 개념들로는 '도道'를 밝혀낼 수 없다는 것이다. 언어라는 것은 상대적 개념들의 집합체이므로 『도덕경』에서는 언어에 대한 부정이 강하게 나타나고 있으며, 이 점에서 '유가 사상''공자'의 가르침과 현격한 차이점을 보이고 있다. 그 이유에 대해서는 학자들 마다 관점의 차이가 있지만 『도덕경』과 '유가 사상'의 발원지와 무관하지 않다. 즉, 북방은 생존조건이 열악하기 때문에 살아가기 위해서는 삶을 대하는 태도가 현실적이고 투쟁적이어야 한다. 따라서 규칙이 많고 강하며 그것을 지킬 것을 강요한다. 반대로 남방은 날씨가 온화하고 자연조건이 순조로워 삶의 태도 또한 자연스럽게 평화적이고 낭만적이었다. 따라서 규칙도 작고 또 느슨하며 사람들은 누군가를 억압하고 통제하는 것을 본능적으로 싫어한다. 이런 분위기의 차이가 '유가'나 '도가사상'의 형성에 그대로 반영되었을 것이라는 것이 학자들의 해석이다.[12)]

12) 『한국민족문화대백과사전』 한국학중앙연구원, 2022. 참조

2. '노자'와 '공자'

'노자'는 주周나라에서 수장실의 관리였다. 여기서 말하는 '수장실'은 요즘으로 말하자면 국립도서관 정도의 기관이었다. 고대에 책은 매우 귀한 물건이었고 왕이나 귀족들만 접할 수 있었다. 따라서 국가의 '수장실'을 맡아 관리하는 사람은 평범한 사람일 수는 없고, 학식이 매우 높고 사람들의 존경을 받는 현자였을 것이다. 따라서 '노자'는 당시 높은 학식과 지혜로운 현인으로 인정 받아 주나라 왕실의 국립도서관을 책임지고 있던 사람이었다.

'노자'가 존경을 받고 있었다는 사실은 '공자'가 '노자'를 찾아가 예禮에 대하여 질문했다는 이야기로 확인할 수 있다. '사마천'이 지은 『사기』에 다음과 같은 기록이 있다.

'공자'가 주나라에 가서 '노자'에게 '예'에 관해 물었다. '노자'가 대답하였다. "그대가 말하는 것은 그 사람이나 그 뼈나 이미 모두 썩어 사라졌고 단지 그 말만 남아 있을 뿐이다.… 내가 듣건대, 훌륭한 상인은 좋은 물건은 깊이 감추어 마치 없는 것처럼 하고, 덕이 높은 군자는 그 용모가 마치 어리석은 사람처럼 처신한다고 하였소. 그대의 교만한 기색과 많은 욕심을 버리도록 하게…." '공자'가 돌아가 제자들에게 말하였다. "새는 날아다니고 물고기는 헤엄치며 짐승은 달린다는 사실을 나는 안다. 달리는 것은 덫으로 잡을 수 있고, 헤엄치는 것은 낚시로 낚을 수 있고, 나는 것은 주살화살로 잡을 수 있다. 그러나 바람과 구름을 타고 하늘로 날아오르는 용에 있어서는 나는 어떻게 해야 할지 알 수가 없다. 오늘 '노자'를 보니 바로 용과 같았다!"[13)]

'공자'가 '노자'를 찾아가 가르침을 받았다는 얘기는 역사적 사실은 아닐 수 있다. 그러나 사마천이 『사기』를 쓰던 한나라 초기 시대에는 이 이야기가 있었다는 점이다. 당시 사람들은 춘추시대 말기에 '노자'라는 지혜로운 노인이 있었고, 당대의 석학 '공자'가 그를 찾아가 가르침을 청했다고 생각했다. '공자'는 자신의 철학이 천하의 혼란함을 극복할 수 있다고 믿었다. 그래서 30년 동안 천하를 주유하며 자신을 등용해줄 군주를 찾아 다녔다. 하지만 늘 상갓집 개와 같은 신세였다. '노자'가 볼 때 이러한 '공자'의 모습이 측은하고 가소롭기 짝이 없었을 것이다. 그래서 '노자'는 '공자'에게 너 자신부터 닦는데 힘쓰라고 충고하였을 것이다. 이러한 분위기에서 '공자'가 본 '노자'는 한 마리 용과 같은 존재였을 것이다. 용은 우리가 알고 있는 것처럼 신비로움 그 자체인 존재이다. 이와 같이 '노자'는 제법 식견이 높았던 '공자'와 같은 사람에게도, 그 깊이를 알 수 없는 신비로운 인물이었던 모양이다.

13) '사마천'의 『사기』 '노자한비자' 열전 제 3 "孔子適周, 將問禮於老子. 老子曰: '子所言者, 其人與骨皆已朽矣, 獨其言在耳.… 吾聞之, 良賈深藏若虛, 君子盛德, 容貌若愚. 去子之驕氣與多欲,….' 孔子去, 謂弟子曰: '鳥, 吾知其能飛; 魚, 吾知其能游; 獸, 吾知其能走. 走者可以爲罔, 游者可以爲綸, 飛者可以爲矰. 至於龍吾不能知, 其乘風雲而上天. 吾今 日見老子, 其猶龍邪!'"

제2절 '장자'[14] 와 나비

* 책 이름과 사람 이름이 같아서 편의상 『장자』는 책을 가리키고 '장자'는 사람을 가리킨다.

'장자'의 사상은 앞서 설명한 『도덕경』의 저자인 '노자'와 그의 사상을 계승한 부분이 있지만 '노자'의 생각이 대부분 정치적인 입장이었다면 '장자'는 거의 현실 정치를 떠나 세속을 초탈한 개인적 관점을 강조한다. 물론 『장자』에도 정치적인 내용이 없지는 않다. 하지만 '장자' 사상의 핵심은 인간이 어떤 이론을 갖고 있는가의 문제가 아니라 그가 어떻게 실천하고 어떤 생활을 영위하고 있는가의 문제, 그리고 그러한 관점의 '자유'에 대해 이야기한다. 즉 인간의 삶과, 그 삶을 통해 얻을 수 있는 '주체적인 자유'에 대한 이야기다.

14) '장자'(莊子, 기원전 369년경~기원전 286년) 본명은 '장주莊周', 자는 '자휴子休'다. '맹자孟子'와 동시대에 살았다고 전해지지만 '맹자'가 남긴 기록에도 '장자'가 남긴 기록에도 '장자'와 '맹자'는 보이지 않는다. 중국 전국 시대 송宋나라 몽(蒙; 현재의 안휘성 몽성 또는 하남성 상구 추정) 출신으로서 칠원리漆園吏(산림을 관리하는 일로 추정됨)라는 말단 관직에 있었고 평생을 가난하게 살았다. 『장자』 외편 '추수秋水'편에 초나라 위왕威王이 '장자'에게 사람을 보내 정치를 보좌해 주길 청했으나, '장자'는 이를 거절하였다는 내용이 있다. 도가道家의 대표적인 인물로서 노자老子의 사상과 일맥상통하여 노장 사상의 대표적 인물로 알려져 있다. '장자'의 오랜 벗으로 '혜자'가 있다. 도교에서는 '장자'를 '남화진인南華眞人', 또는 '남화노선南華老仙'이라 부르기도 하며, 역시 '장자'가 쓴 책 『장자』를 『남화진경南華眞經』이라 부른다. 여기서 '장자'는 책을 쓴 사람 이름, 『장자』는 '장자'가 지었다는 책 이름이다.

1. '장자'의 생각

『장자』라는 책 전체에 자주 등장하는 글자 중 하나는 '유遊'자다. 이 '遊'는 특별한 것에 목적을 두지 않는 무위자연無爲自然의 '遊'이다. 억지로 무엇인가를 행하려는 인위人爲를 버리고 동시에 그러한 구체적 행동, 즉 작위作爲를 놓아버리는 절대자유의 경지가 '遊'다. 『장자』의 처음에 등장하는 '소요유逍遙遊'의 '遊'가 바로 그러한 '遊'다.

'장자'에 의하면 모든 의견은 결국 각자의 관점에서 나오는 것이므로 이른바 보편 타당한 객관적 기준이 있을 수 없다는 것이다. 우리의 판단은 모두 각자의 처지에 따른 것이므로 자신의 견해가 절대적일 수는 없다. '내 관점'에만 집착하지 말고 '상대의 관점', 심지어 '사물의 관점'조차도 함부로 생각하지 말아야 한다는 것이 '장자'의 주장이다. 이러한 생각은 19세기 독일 철학자 '니체'[15] 가 주장한 '관점주의Perspectivism'[16] 와 일맥상통한다.

15) 프리드리히 빌헬름 니체(Friedrich Wilhelm Nietzsche, 1844년~1900년)는 독일의 철학자. 서구의 전통을 깨고 새로운 가치를 세우고자 했기 때문에 '망치를 든 철학자'라는 별명이 있다. 니체는 기독교나 플라톤의 관념론적 형이상학에 반대했다.

16) 관점주의(Perspectivism)는 한마디로 이 세상에 보편적, 객관적, 절대적 진리란 존재하지 않는다는 주장이다. 하지만 '장자'의 주장과 완전히 일치하는 구조는 아니다.

2.『장자』 분석

『장자』는 처음 52편으로 알려졌으나 현재는 33편의 내용만 전해진다. 처음 나오는 내편 7편을 분석해보면 다음과 같다.

內編(내편) 7편의 이름	핵심내용
1.逍遙遊篇(소요유편)	기대는 곳이나 바라는 것이 없음. 『장자』 전체의 뼈대에 해당한다.
2.齊物論篇(제물론편)	만물이 가진 한결같은 성질을 논함. 외편의 '추수秋水'와 연결.
3.養生主篇(양생주편)	우리 삶을 길러주는 것에 대한 논의. 외편의 '달생達生'과 연결.
4.人間世篇(인간세편)	인간 세상에 살아가는 처세를 논함. 외편의 '산목山木', '외물外物'과 연결.
5.德充符篇(덕충부편)	덕이 충만함을 논함. 여기서 부符는 일종의 체험. 외편의 '전자방田子方'과 연결.
6.大宗師篇(대종사편)	위대한 참 스승을 논함. 외편의 '지북유知北遊'와 연결.
7.應帝王篇(응제왕편)	자연을 따르는 것을 논함. 외편의 '재유在宥', '양왕讓王'과 연결.

외편은 15편이며 잡편은 11편이다. 합하여 전체 33편으로 이루어져 있다. 내편에서 가장 어려운 것은 '제물론'이다. 여러 학자들에 의해 '제물론'의 해석 방향은 각각 다르지만, 전체적으로 '장자' 당시의 혼란스러운 상황에 대한 일종의 기준을 세운

다는 의미가 강하다. 내편의 내용들은 마지막 '응제왕'에서 '장자' 식으로 정리되는데 그것은 '혼돈'의 죽음[17] 으로 종결된다.

1) 핵심 개념

(1) **물화**物化

'물화物化'는 『장자』 내편 두 번째에 나오는 '제물론'에 등장한다. 널리 알려진 '호접지몽胡蝶之夢' 이야기의 핵심이 '물화'다. '제물론'의 '호접지몽' 이야기는 다음과 같다.

"옛날에 '장주莊周'가 꿈에 나비가 되었다.

펄럭펄럭 경쾌하게 잘도 날아다니는 '나비'였는데 스스로 유쾌하고 뜻에 만족스러워 자기가 '장주'인 것을 알지 못했다.

얼마 있다가 '나비'가 화들짝 꿈에서 깨어 보니 갑자기 '장주'가 되어 있었다.

알지 못하겠다.

'장주'의 꿈에 '장주'가 '나비'가 되었던가? 아니면 나비의 꿈에 '나비'가 '장주'가 된 것인가?

17) 『장자』 '응제왕' 마지막 부분에 "하루에 한 구멍씩 뚫었더니 칠일 만에 혼돈이 죽어버렸다."

'장주'와 '나비'는 분명한 구별이 있으니 이것을 '物'의 변화, 즉 '물화物化'라고 한다."

여기서 '물화物化'란 과연 어떤 의미가 있을까? '장자'가 '나비'로, 또는 '나비'가 '장자'로 변할 수 있다는 점에서 '장자'와 '나비'는 결국 하나로 볼 수 있다. 이렇게 보자면 '자아'自我 '장자', '나비'와 '외물'外物-자아 밖에 있는 객체; '장자'에게는 '나비', '나비'에게는 '장자'이 결코 다른 것이 아니다. 하지만 중요한 점은 꿈속의 '나비'가 '장자'인 것을 알지 못한다는 것이다. 꿈속에서 훨훨 날아다니던 '나비'가 '장자'라는 것을 알려면 반드시 꿈에서 깨어나야 알 수 있다. '장자'가 꿈을 깨지 않았다면 꿈속의 '나비'가 "나는 '장자'인 '나비'다."라고 생각할 수 있을까? '장자'는 자기가 '나비'의 꿈속에 있는 것은 아닐까 생각하지만 '나비'가 꿈을 깨지 않는다면 알 수가 없다. '장자'에서 '나비'로의 변화, 또는 '나비'에서 '장자'로의 변화는 이렇듯 변화의 전후를 알 수 없다.

'물화物化'에서 '화化'는 글자의 구조를 보면 조금 더 쉽게 이해할 수 있다. '화化'는 사람 인人과 비수 비匕[18]가 합쳐진 글자이다. 이는 바로 선 '사람人'과 거꾸로 된 '사람匕'을 의미하는데, 사람이 바로 서 있다가 거꾸로 되는 것을 '화化'로 본 것이다. 사

18) 비匕는 뜻이 비수(칼)라는 의미가 있지만 본래 숟가락 모양을 본 떠 만든 상형자다. 숟가락은 곧 사람을 의미한다.

람이 바로 서 있다가 거꾸로 되는 것, 곧 죽음을 의미하기도 한다. 실제『장자』에서 '화化'가 죽음 또는 변화를 뜻하는 부분[19] 이 있다. 이런 의미에서 무엇이 된다는 것, 변화한다는 것은 죽음과 같은 문턱을 넘는 것이라고 볼 수 있다.

어디까지나 영원한 '장자'도 없고, 영원한 '나비'도 없다. 그리고 우리는 죽음 너머의 세상을 알 수 없다. 마치 꿈을 꾸고 있을 때는 꿈속의 '나비'만, 꿈을 깨고 나면 '장자'만 있는 것처럼, 지금 살아있는 나만이 있을 뿐이다. '호접지몽胡蝶之夢'의 이야기를 통해 보자면, 어쩌면 죽음 너머에서 볼 때 살아있는 나는 또 하나의 죽음일 수도 있다. 만물은 이렇게 알 수 없는 세계로 끊임없이 '화化'하고 있다.

(2) 칼을 갈지 않는 '포정'

'포정庖丁'은 소 잡는 사람이다.『장자』'양생주養生主'의 주인공이다. '포정'은 '문혜군'을 위해서 소를 잡는데 그가 사용한 칼은 19년 동안 한 번도 갈아 사용한 적이 없었다. '문혜군'이 그 이유를 묻자 '포정'은 자신의 소 잡는 기술이 도道로 나아갔기 때

19)『장자』'天地천지'편의 '物化而未始有恒물화이미시유항'(변화해 가면서 처음부터 불변의 恒久性항구성이 없어짐). '刻意각의'편의 '其生也天行기생야천행 其死也物化기사야물화'(살아 있을 때에는 자연의 운행을 따르고 죽을 때에는 物의 변화를 따르니) '則陽칙양'편의 '日與物化者일여물화자 一不化者也일불화자야'(매일매일 사물과 더불어 변화해 가는 자는 실은 조금도 변화하지 않는 존재)

문이라고 답한다. 즉, 감각과 지각을 최대한 동원하는 시간이 쌓이고 쌓여서 어느 순간 그 모든 활동이 멈추어도 몸이 저절로 움직이는 경지, 그것은 '소'와 '포정'과 '칼'이 하나가 되었기 때문에 가능하다는 것이다.

이 부분에서 놓치지 말아야 할 사실은 '포정'의 집중이다. '포정'은 이 집중의 순간에 "감각과 지각 능력의 활동을 멈추고"[20] 신神의 작용으로 움직인다는 것이다. 이 순간은 어떻게 도달할까? '포정'은 처음에 소를 보았을 때는 소의 전체 모습만 보였다 했다. 3년이 지나자 소가 보이지 않게 되었다 했다.

19년이나 칼을 갈지 않아도 '포정'의 칼은 '상림의 무악'에 부합되었으며, '경수의 박자'[21] 에 꼭 맞았다는 것은 이미 '포정'의 행위가 단순한 감각을 벗어난 것이며 동시에 어떤 걸림도 없는 대자유의 단계라는 것이다.

'포정'이 대자유에 이르게 된 것은 무엇 때문일까? '포정'은 칼을 사용하여 짐승의 뼈와 살을 분리하는 전문가다. 뼈와 살을 분리하다 보면 반드시 칼날이 뼈에 닿아 무뎌지기 마련인데 '포정'

20) 관지지官知止: 감각기관의 지각 능력이 활동을 멈춤. 즉 눈으로 보는 것을 멈추고 귀로 듣는 것도 멈추며 촉감 조차 멈춘 상태를 오로지 정신의 작용만으로 움직이는 경지

21) 상림의 무악, 경수의 박자: 중국 은나라 시대의 완벽에 가까운 음률을 말함.

은 항상 극도의 긴장과 집중을 통해 뼈를 닿지 않고 살을 발라내는 기술을 터득하였던 것이다. 그래서 늘 날카로운 칼날을 유지할 수 있었다. 대립되는 두 개의 사실, 즉 19년째 유지되는 칼날의 예리함과 뼈에서 살을 분리하기 위해 칼날이 무뎌질 수밖에 없는 사실이 서로 충돌한다. 이 두 개의 사실이 '포정'의 집중으로 극복되어 마침내 '칼'과 '포정'이 하나가 되는 대자유의 단계로 나아간 것이다.

(3) 쓸모 없음의 쓸모

『장자』 전체에서 가장 중요한 내용 중 하나로서 역시 내편 중 제4편에 해당하는 '인간세' 마지막 부분에 등장하는 말이다. 전문은 이렇다.

"산의 나무는 스스로 자신을 해치며, 기름 등잔불은 스스로를 태우며, 계피는 먹을 수 있기 때문에 사람들이 베어 가며, 옻나무는 쓸모가 있기 때문에 사람들이 잘라간다. 사람들은 모두 쓸모 있음의 쓸모 만을 알고, '쓸모 없음의 쓸모'무용지용無用之用는 아무도 알지 못한다."

곧게 자란 나무는 쉽게 베어지고, 유용한 열매나 진액옻이 나는 나무도 쉽게 베어지거나 해를 입는다. 이는 모두 너무 쓸모 있기 때문이다. 이 쓸모가 나무의 자유를 빼앗아 가는 것이라고 '장자'는 생각한 것이다. 그래서 '장자'는 '쓸모 없음의 쓸모'를 이야기한다.

이를 테면 '무용지용'이란 쓸모의 기준을 버리는 것이다. 인간세상의 가장 큰 기준은 '유용성', 즉 쓸모가 있느냐 없느냐 일 것이다. 이 세상에서 쓸모 있는 인간이 되기 위해, 그리고 그 쓸모가 없어지지 않도록 하기 위해 우리는 나름대로 애를 쓴다. 쓸모 없는 인간! 인간의 존재 가치를 판단하는 가장 치명적인 기준이다. 그래서 사람들은 자신이 쓸모 없다고 생각되면 스스로 목숨을 끊기도 한다. 쓸모 없으면 살 필요도 없다고 생각하는 것이다. '장자'는 그로부터 벗어나기 위해 쓸모 없음의 쓸모를 강조한 것이다.

2) 『장자』의 변증적 이해

사실 『장자』 전체의 논리 구조는 변증의 구조로만 이해하기 어려운 면들이 많다. 하지만 대부분의 이야기 속에 미세하게 변증의 구조가 포함되어 있다. 이를테면 '제물론'에 등장하는 "천지天地도 나와 나란히 태어나고 만물萬物도 나와 하나이다."라는 대목에서 '장자'는, '천지'와 '나'라는 두 대상이 하나로 나아간다는 논리를 펼친다. 여기에는 '만물제동萬物諸同'[22] 의 사상

22) 곽상은 '제물론' 속의 만물제동을 이렇게 해석하였다. "스스로를 옳다 여기고 다른 사람을 그르다 하며 자신을 아름답게 여기고 다른 사람을 미워하는 것은 모든 사람

이 들어 있는데 만물제동이라는 말 자체가 곧 변증의 과정을 거쳐 탄생한 말이다.

또 '제물론'에는 '도추道樞'라는 말도 등장하는데 '도추'란 옳고 그름 중 하나에 이르지 못하는 상황을 말하며, 이것은 '장자'적 道의 입장에서 보면 옳고 그름의 대립이 극한에 이르러 모든 차이를 있는 그대로 인정하고 포용할 수 있다는 말이다. 즉 변증의 과정을 통해 새로운 경지, 즉 道에 이른다는 말이다.

들이 다 그렇다. 그 때문에 시비가 비록 달라도 너와 내가 균등하다." 곽상(?~312년) 삼국시대 위나라, 서진의 인물로서 『장자』 해설서인 『장자주』를 남김.

제3절 '불교'와 '공' 이야기

1. 말할 수 없는 문제

'석가모니'[23] 는 깨달음 이후에 형이상학적 철학 문제는 가능한 논의하지 않으려 했다. 거기에는 여러 이유가 있지만 그러한 형이상학적 논쟁을 통해서는 어떠한 실천적 의의를 찾을 수 없다고 생각했기 때문이다. 즉, '석가모니'는 실천적인 깨달음에 이르는 수행의 과정이 아닌, 형의상학적 문제[24] 에 대하여는 침묵으로 일관하였다.

『중아함경』[25] 권 60, '전유경箭喩經'에 석가모니의 이런 방침과

23) '석가모니'(釋迦牟尼, 산스크리트어: 샤카무니 기원전 560년 경~기원전 480년 경): 불교를 창시한 사람으로서 흔히 여래 10호(세존 · 석존 · 불 등등)의 존칭으로 불리며 그의 본명은 '싯다르타 가우타마'이다. 일반적으로 서양에서는 가우타마 붓다(영어: Gautama Buddha)라고 부른다. 샤카족의 국가인 샤카국(현재의 네팔)에서 국왕 슈도다나(한자 정반왕)의 장남으로 태어났다. 인간의 삶이 생로병사가 윤회하는 고통으로 이루어져 있음을 자각하고 이를 벗어나기 위해 29세 때 출가하였다. 처음에는 당시 인도의 보통 수행자의 수행법을 따라 고행을 하였으나 곧 무의미함을 깨달아 독자적인 수행을 계속한 끝에 마침내 부다가야의 보리수 밑에서 수행하여 35세에 완전한 깨달음(정등각)을 성취하고 부처(Buddha, 불타佛陀)가 되었다. 이후 인도의 여러 지방을 편력하며, 포교와 교화에 힘썼고, 쿠시나가라에서 입멸하였다.

24) '나와 세계는 유한有限한 것인가, 무한無限한 것인가?' '신체와 영혼靈魂은 하나인가 혹은 별개의 것인가?' '완전한 인격자인 부처는 죽은 뒤에 생존하는가 혹은 생존하지 않는 것인가?' 등의 문제.

25) 아함경: 산스크리트어 '아가마(āgama)'를 소리대로 한자로 차음하여 '아함경'이

태도를 보여주는 이야기가 있다.

하루는 만동자蔓童子, 말룽까뿟타, Malunkyaputta라는 비구가 '석가모니'를 찾아와서 다음과 같은 질문을 하였다.

"이 세계는 영원합니까? 무상無常합니까? 끝이 있습니까? 없습니까? 영혼과 육체는 하나입니까 아니면 둘입니까? 여래[26]는 사후에 존속합니까? 하지 않습니까?"

이런 문제에 대해 다른 종교에서는 명확한 답변을 해주고 있는데 '석가모니'의 교설, 즉 불교에서는 그러한 해명이 없으므로 몹시 답답했던 모양이다. 그는 만일 끝까지 '석가모니'께서 답변을 해 주시지 않는다면 '석가모니'의 가르침을 따르지 않겠다는 단호한 태도까지 보였다.

이에 '석가모니'는 다음과 같이 예를 들어 설명했다.

라 하였다. 그 뜻은 '전승傳承' 즉 부처의 말씀이 그대로 기록되어 전래됐다는 것이다. 아함경은 한역된 경전을 부르는 이름이고 나까야는 팔리어 경전을 가리킨다. 보통 5부로 알려져있다. 5부는 디가 니까야(Dīgha-nikāya, 장부), 맛지마 니까야(Majjhima-nikāya, 중부), 상윳따 니까야(Sayutta-nikāya, 상응부), 앙굿따라 니까야(Aguttara-nikāya, 증지부), 쿳타카 니까야(Khuddaka-nikāya, 소부)

26) 여래(如來): 깨달은 자를 가리키는 말. 또는 깨달은 자를 나타내는 10개의 이름 중 하나.)

어떤 사람이 독 묻은 화살을 맞아 견디기 어려운 고통을 받을 때, 그 친족들은 곧 의사를 부르려고 했다. 하지만 그는,

"아직 이 화살을 뽑아서는 안 되오. 나는 먼저 화살을 쏜 사람이 누구인지를 알아야겠소!"

"성과 이름은 무엇이며 어떤 신분인지를 알아야겠소!"

"그리고 그 활이 어떤 나무로 되었는지, 화살은 또 어떤 나무인지 아니면 대나무로 되었는지를 알아야겠소!"

"또 화살 깃이 매의 털로 되었는지 닭의 털로 되었는지 먼저 알아야겠소!"

만약에 이와 같이 말하고 치료를 하지 않는다면 그는 그 모든 것을 알기도 전에 온 몸에 독이 퍼져 죽고 말 것이다. "나'석가모니'는 세상이 무한하다거나 유한하다고 단정적으로 말하지는 않는다. 그런 문제는 깨달음에 아무런 도움이 안 된다."라고 이야기했다.

이 비유가 의미하는 바는 실제의 삶과 직접적인 관련이 없는

사변적[27] 이고 형이상학적[28] 논의에 빠지는 것이 위험하다는 것이며, 인생의 보다 중요한 문제는 현실적인 고통을 정확히 인식하고, 그에 대응해 고통을 극복하려는 노력이라는 것이다. 이는 '석가모니'의 가르침이 일차적으로 자신에게 부닥친 현실의 여러 문제를 해결하는 데에 있음을 보여 준다.

2. '공'의 개념

그러나 '석가모니' 사후 '석가모니'의 많은 이야기들을 모아 책의 형태로 만들어내면서불전결집 석가모니의 말에 대한 체계를 세우게 되었고 그러한 체계에 대해 제자들과 후대의 많은 승려들이 나름의 해석을 내놓으면서 사변적이고 형이상학적인 불교 철학이 형성되게 되었다.

불교 철학의 핵심은 '연기緣起'인데 그 연기의 바탕이 되는 사상이 바로 '공空' 사상이다. '공'空, 산스크리트어 'sunyata', 영어 'emptiness'이라는 용어는 산스크리트어 형용사 'sunya'텅 빈, 또는 명사 'sunyata'비어있는 것를 한자로 번역한 말이다.

27) 실천이나 경험을 통하지 않고, 사고작용이나 이성만으로 사물의 진리에 도달하려고 하는 일이나 방법. 실천이나 경험을 중히 여기는 입장에서는 추상적 이론이나 심지어는 공론(아무 소용이 없는 논의)의 뜻이 됨.

28) 일상적으로 "~은 형이상학적이다"라는 말은 "~은 너무 추상적이다", "~은 뜬구름 잡는 소리다"와 같은 의미로 이해할 수 있다.

'공空'의 개념은 매우 특수하다. '공空' 사상은 초기 불교의 '연기설緣起說'을 재해석함으로써 석가모니의 기본 입장을 보다 명확하게 밝힌 대승불교의 핵심 사상이다. 따라서 '공空' 사상은 불교를 사상적으로 지탱하고 있는 철학사상이라고 해도 과언이 아닐 정도로 불교에서는 매우 중요한 위치에 있다.

'공空' 사상은 인간을 포함한 일체만물에 고정불변하는 실체가 없다는 말로, '공空'이라는 말은 곧 '인연因緣'[29] 이라는 의미이다. '용수'보충학습 자료는 그의 저서 '중론中論'[30] 에서 인연으로 생겨난 모든 것을 '공空'하다고 했다.

'용수'에 의하면 이 세상에 존재하는 모든 사물들은 다른 사물들과 서로 얽혀 있는 관계 속에서 생겨나고 사라지는 존재이므로, 그 모양이나 형태, 또는 그 성질이 전혀 변하지 않고 영원히 존재하는 것은 있을 수 없다는 것이다.[31]

29) 인연(因緣: 불교의 인因과 연緣을 같이 이르는 말): 인은 결과를 만드는 직접적인 힘이고, 연은 그를 돕는 외적이고 간접적인 힘이다. 석가모니는 "모든 것은 인因과 연緣이 합쳐서 생겨나고, 인과 연이 흩어지면 사라진다."라고 했다. 따라서 인연은 인연생기因緣生起의 줄임 말이다.

30) 중론 또는 중론송(中論頌): 인도의 용수가 지은 449구의 간결한 게송(불교에서 붓다의 공덕이나 가르침을 나타내는 짧은 문장 형식의 노래) 형식의 책으로서 주요 내용은 연기, 공, 무자성에 대한 논의이다.

31) 중론송, 중론권제일, 관인연품제일, 용수 지음, 구마라습 한역, 2019. "不生亦不滅, 不常亦不斷 不一亦不異 不來亦不出 能說是因緣"(나지도 않고 없어지지도 않으며, 일정하지도 않고 또한 끊어지지도 않으며, 하나도 아니고 또한 다르지도 않으며, 오지도 않고 또한 나가지도 않으니 이를 일러 인연因緣이라 한다.)

모든 사물들은 단지 원인과 결과로 얽혀 서로 의존하는 관계에 있어서, 각 사물 스스로에게는 자아독립적 의지가 없기 때문에 그 상황을 '무아無我'라고 한다. '공空'의 개념은 여기서 출발한다. 즉, 각 사물은 '자아自我'가 없으므로 '무자아無自我'인데, 그 상황을 '공空'이라고 하는 것이며 이것은 즉, '자성自性'이 없다는 말이다. 여기서 '자성'이란 독립적인 의지를 가진 실체를 말한다. 그래서 실체가 없다는 말을 우리는 '무자성無自性'이라 부른다.

정리하면 독립적 '자아자성'가 없으니 '무아'이고 그것은 '무자성', 즉 '공空'이다. 그런데 '공空'이 될 수밖에 없는 것은 맨 처음의 '자성'이 없는 이유, 즉 '연기만물은 원인과 결과로 해서 생성되었기 때문'로 해서 생성되었기 때문에 '무자성'이 곧 '연기'의 근거가 된다. 그리고 그 '연기', 즉 '무자성'이 바로 '공空'이다. 따라서 '공空'에 대해서 인간이 언어 논리에 의해 내리는 판단은 무의미해진다.

3. '공' 사상의 변증적 이해

'공空' 사상은 사실 변증법의 반대에 있을 수 있다. '공空' 사상의 특징은 새로운 이론이나 견해見解[32]를 만들어내려는 것이 아니라 반대로 모든 견해로부터 자유로워지려는 것이다. 자유로움을 또 다른 통합이라고 본다면 변증의 논리로 볼 수 있지만 '공空' 사상은 변증에 의해 어떤 새로운 이론을 수립하려고 노력하지는 않는다.

이런 태도는 앞에서 설명한 '만동자'의 이야기에 잘 나타나 있다. 즉, 변증의 기본 논리인, '이전 단계의 사실을 부정하거나 무너뜨리고 더 높은 사실이나 진리로 향하는 논리'에서는 조금 벗어나 있다고 보는 것이 맞다.

32) 불교에서 '견해'를 가리키는 말은 산스크리트어 'drsti(드리쉬티)'라 부르고 그 뜻을 '사물을 현명하지 않게 해석'하는 의미로 풀이한다. 이를테면 불교에서 사물에 대한 견해는 부정확하거나 독단적일 수 있다고 보는 것이다.

오히려 불교는 모든 변증법적 논리를 오히려 희론戱論[33]이나 번뇌로 생각한다. 심지어 7세기경 인도의 승려 '월칭月稱'Candrakirti 찬드라키르티은 이러한 변증의 논리를 '철학적 환상'으로 여겼다.[34]

33) '희론戱論'(산스크리트어 papañca 프라팡카): 매우 정교화 된 개념, 그리고 그 개념으로부터 비롯되는 확산 등을 일컫는 말이다. 우리말로 쉽게 하면 꼬리에 꼬리를 무는 상황이나 개념을 말한다.

34) '월칭'의 '명구론'에서 "변증법적 실체론은 인간 자신의 정체성에 대한 불안의 표현이다."라고 말했다. 즉 변증의 논리는 더 높은 이론에 도달하는 것이 아니라 단지 앞뒤만 바뀐 언어적 유희라고 생각한 것이다. (《용수龍樹와 월칭月稱의 유부 삼세실유론 귀류 논파》, 남수영, 한국불교학회지, 68쪽.)

보충학습 자료

–'용수' 그리고 '공空' 사상–

나가르주나Nagarjuna, 龍樹, 150?-250? '나가르주나'는 용큰 뱀을 뜻하는 '나가'와 인도의 영웅인 '아르주나'의 합성인데 한자로 '용수龍樹'라고 번역되었다. 석가모니 입멸 후 600년이 흐른 뒤 나타나서 불교사상을 재조립해 대승불교를 확립시킴으로써, 제2의 부처로 칭송되며 흔히 용수보살로 불린다. 원래 '나가르주나'는 바라문 계급 출신으로 남인도에서 태어났다. 어려서부터 총명해 다방면에 재능이 있었는데 천문, 지리, 예언 등을 체득했다고 한다.

불교에 귀의한 '용수'는 반야경 계통의 '공空' 사상을 철학적으로 체계화시켜 '중관'中觀, Madhyamaka 사상을 수립하고, 이를 논술한 '중론中論'을 비롯해 '대지도론大智度論', '십이문론十二門論' 등의 책을 썼다. 흔히 이 세 개의 문헌을 '삼론三論'이라 부르는데 중국에서 4~5세기경에 유행했던 '삼론종'이라는 종파의 이름이 여기에서 기인하며, 그의 사상을 계승한 사람들을 '중관학파'라고 한다.

'용수'의 '중관사상中觀思想'은 인간 언어 논리의 진실성을 부정하고 있다. 그러나 현실적으로 언어 논리에 의존하지 않고서는 인간 사이의 어떤 교감이 이루어질 수 없기 때문에 부처도 언어 논리에 의존함이 없이는 설법을 할 수가 없었다. 따라서 언어가 없었다면 부처의 가르침도 존재할 수 없다는 결론에 이른다. 즉 완전한 깨달음이 불교의 궁극적인 목적이라고 하더라도, 언어라는 수단이 없이는 이루어질 수가 없다. 인간의 언어 논리에 의한 사물의 변별이 궁극적인 목적은 아니라고 하더라도, 궁극적인 목적인 깨달음을 얻을 수 있는 매우 중요한 수단이라고 할 수 있다. 이와 같은 수단으로서의 언어나 언어에서 유래된 지식을 우리는 '방편지方便智'라고 부른다.

부처가 모든 사람에게 깨달음을 직접 줄 수는 없다. 부처의 말씀은 깨달음으로 갈 수 있는 방향을 제시한 것일 뿐, 인간은 스스로 깨닫지 않으면 안 된다. 즉, 부처의 가르침은 깨달음으로 가는 안내판이나 이정표와 같은 것이며, 불교는 그 이정표를 따라 갈 수 있는 도구에 불과하다.

따라서 '방편지' 없이 깨달음의 길로 가는 것은 매우 어려운 일이며, 여기에 불교에서 제시하는 여러 가르침의 중요성이 있는 것이다. 인간의 언어 논리에 의해서는 궁극적인 진리의 '증득證得'[35] 이 이루어질 수 없다고 보는 것이 '중관사상'이다. 그리고 그 궁극적인 깨달음의 수단으로 '반야지般若智'[36] 를 제시한다.

'반야지'란 '근본지根本智'지식의 본질라고도 하며, '반야지' 사상은 '공空', '중도中道' 사상과 더불어 '중관中觀' 사상을 구성하는 3대 요소이다. '반야지'란 모든 사물의 실상을 올바르게 관찰하는 지혜, 곧 모든 사

35) 증득(證得, 산스크리트어 'adhigama'): 수행으로 진리를 체득하는 것 또는 깨치는 것을 말한다(시공 불교사전, 곽철환, 시공사, 2003.).

36) 반야(般若, 산스크리트어 'prajñā'): '지혜智慧'로 번역하고, 또는 지智 또는 혜慧라고도 한다(글로벌 세계 대백과사전).

물의 본성을 '공空'으로 보는 지혜이다. 이 지혜는 선정에 의해 최고의 경지에 이른 '반야지'로서 다른 지혜와 구별되는데, 이는 곧 '해탈'을 의미한다. 따라서 불교에서는 '반야지'를 '각覺'이나 '오悟'라고 하며 '반야지'는 깨달음의 수단이 아니라 '깨달음' 그 자체이다.

'공空' 사상은 인간을 포함한 일체 만물에 고정불변하는 실체가 없다는 말로, '공空'이라는 말은 '인연因緣'의 바탕이라 할 수 있다. '용수'는 그의 저서 '중론中論'에서 인연으로 생겨난중인연생衆因緣生 모든 것은 '공空'하다고 했다.

이 세상에 존재하는 모든 사물들은 다른 사물들과 서로 얽혀 있는 관계 속에서 생겨나고 사라지는 존재이므로, 그 모양이나 형태, 또는 그 성질이 전혀 변하지 않고 영원히 존재하는 것은 있을 수 없다는 것이다.

제4절 스콜라 철학[37]에서 보편 논쟁

1. '실재론'과 '유명론'

1) '보편', '보편자'

내 앞에 컵이 여러 개 놓여 있다. 색깔도 다르고 모양도 다르다. 물이 담기는 용량도 모두 다르다. 하지만 그것은 컵이라는 공통된 특성을 가진다. '컵'이라는 공통된 특성기준이 존재하기 때문에 우리는 어떤 특정 사물을 '컵'이라고 부를 수 있다. 세종대왕, 이순신 장군, 신 사임당의 공통점은 모두 우리나라 화폐에 그려진 인물들이라는 것인데, 좀 더 분명한 공통점은 이들 모두 '사람' 혹은 '인간'이라는 특성을 가지고 있다는 것이다. 이와 같이 어떤 사물들에 공유되는 특성들을 '보편普遍, Universal' 혹은 '보편자普遍者, The universals'라고 부른다. 이를테면 '컵' 이나 '인간' 또는 '사람'이 바로 '보편', 혹은 '보편자'이다. 여기에 상대하여 그것은, 각각의 컵이나 사람들은 '개별자'라고 부른다. 그러면 하나의 의문이 생긴다. 각각의 '개별자'인 컵 외에 독립적으로 '컵'이라는 '보편'이, 사람이라는 '보편'이 실재로 존재하는

37) '스콜라 철학'은 9~16세기 중세 유럽에서 성행한 기독교 신학에 중심을 둔 철학적 사상이다. '스콜라주의'(Scholasticism)라고 일컫기도 한다. 대부분의 철학적 탐구와 인지와 인식의 문제를 신앙과 결부시켜 절대자 아래에 존재할 수밖에 없는 인간을 상정하고, 철학은 그 신앙에 따라 인간의 이성을 파악하였다.

가 또는 존재하지 않는가? 하는 문제이다.

2) '보편 논쟁'

'보편 논쟁'은 바로 위의 질문, 즉 '보편'이 독립적으로 존재하는가 혹은 존재하지 않는가에 대한 논쟁이었다. 서양의 11세기에서 12세기에 걸쳐 나타난 이 철학적인 논쟁은 앞서 예로 든 ''컵'이나 '사람'의 '보편'이 실재하느냐 실재하지 않느냐'의 문제로부터 출발하여 ''보편자'와 '개별자'의 관계가 어떠한가' 등을 둘러 싸고 벌어진 '스콜라 철학'의 오래된 논쟁이다. '보편 논쟁'에서 제기되는 '보편'의 문제는 플라톤의 '이데아론'보충학습 자료을 비판 수용한 '아리스토텔레스'의 재해석에도 포함되어 있으며, 다른 관점으로 본다면 중세적 '관념론'과 '유물론' 논쟁으로도 볼 수도 있다.

3) '실재론'實在論, Metaphysical realism

'보편'의 실재성에 관한 물음을 '보에티우스'[38] 가 라틴어로 번역한 신플라톤주의자 '포르피리오스'의 '범주론 입문'[39] 을 통해

38) 이름이 매우 길다. 아니키우스 만리우스 토르콰투스 세베리누스 보에티우스(라틴어: Anicius Manlius Torquatus Sererinus Boethius, 480년~524년)는 로마의 저술가 · 철학자이다.

39) '포르피리오스'(Porphyry of Tyre, 234년경~305년경): 3세기의 신플라톤주의 철학자이다. 그는 신플라톤주의의 창시자인 자신의 스승 '플로티노스'의 사상을 집대성한 논문집인 『Enneads』(엔네아데스)를 출판하였다. 그의 저서 『Introduction to Aristotle's Categories』 (아리스토텔레스의 범주론 입문) 또는 『Isagoge』(이사고게)

초기 스콜라 철학에 도입되었다. 실재론의 핵심은 어떤 사물들에 공유되는 특성들에 '보편'普遍, Universal 혹은 '보편자'普遍者, The universals가 실재한다는 입장이다. 반대의 입장을 '유명론'唯名論, Nominalism이라 부른다.

'보편 논쟁'에서 '보편자'가 실제로 존재한다고 보는 입장을 정리하면 다음과 같다. i) '보편자'는 실재한다. ii) '보편자'는 개별적인 사물들보다는 상위의 존재이다. 다시 말해 '보편자'는 '개별자'들 보다 그 실재성에 있어서 더 높은 등급을 갖는다. iii) 보편 개념은 개별적 '사물들에 앞서'라틴어 'ante rem', 영어 'prior in reality or existence to particulars'[40] 존재한다.[41] '보편자'가 개별적인 사물, 즉 '개별자'에 선행하여 객관적으로 실재한다는 입장은 '플라톤'이나 '안셀무스'[42] 에서 발견된다.

는 논리학과 철학에 관한 입문서로서, 이 책의 라틴어 번역본은 중세 논리학 교과서의 표준이 되었다. 『Philosophy from Oracles』(신탁에서 유래한 철학)과 『Against the Christians』(기독교에 대한 반론)를 저술한 탓으로 많은 초기 기독교인들과 논쟁을 벌여야 했다.

40) © 2022 Merriam-Webster, Incorporated

41) 『이해를 추구하는 믿음-안셀무스의 신학적 체계와 연관된 신 존재 증명』 카를 바르트 지음, 김장생 옮김, 한국문화사, 2000, 157쪽~160쪽.

42) '안셀무스 칸투아리엔시스'(라틴어: Anselmus Cantuariensis), 즉 '안셀무스'(Anselmus, 1033년~1109년): 이탈리아 출신 기독교 신학자이자 철학자로, 1093년~1109년 영국의 캔터베리 대주교를 지냈다. 스콜라 철학의 창시자로서, 신 존재를 대상으로 한 존재론적 신의 존재 논증과 십자군에 공개로 반대한 것으로 유명하다.

'플라톤'에게 있어서 '이데아idea[43]'는 육안肉眼-우리에게 있는 감각 기관인 눈이 아니라 영혼의 눈으로 볼 수 있는 형상을 의미한다. 따라서 그것은 이성理性만이 파악할 수 있는 영원불변하고 단일한 세계를 이루어, 끊임없이 변천하는 잡다한 감각 세계의 사물과는 구별된다. 따라서 '이데아'는 모든 것들의 원천이며 모든 것들은 이것으로부터 나오는 것이다. 세상에 존재하고 있는 모든 원형은 '이데아'의 세계에 있고, 존재하는 것들은 '이데아'의 세계를 모방하여 유사한 모습으로 존재하고 있을 뿐인 것이다.

'이데아'를 인간의 이성으로 파악할 수 있다고 이야기 하면 '이데아'가 인간 내에 있다고 오해할 수 있다. 하지만, '이데아'는 인간 속에 있는 것이 아니다. 다만 인간의 이성으로 희미하게 느낄 수 있을 뿐이다. 따라서 '이데아'는 인간의 실존과는 무관하다. 플라톤은 모든 사물들이 원래 '이데아'의 일부를 가진 것으로 본다분유分有[44].

4) '유명론'唯名論, Nominalism

'유명론'은 앞에서 언급한 바와 같이 실제로 존재하는 것은 '개별자'이고, '보편자'는 '이름만 있을 뿐유명唯名' 실재하지 않는

43) 원래는 '보이는 것' 또는 '모양', '모습', 그리고 물건의 형식이나 종류를 의미하기도 했다.

44) '플라톤'의 분유(分有, 메텍시스Methexis)이론: 사물들이 이데아의 일부를 가지고 있다는 이론

다는 이론이다. 예를 들면 앞에서 예로 든 '컵'의 경우 각 '개별자'인 '컵'은 실제로 존재하지만 각 '개별자'들의 공통된 특성인 "보편자'로서의 '컵'은 실재하지 않고 다만 이름으로만 인식된다는 것이다. '유명론'을 주장하는 사람들의 이야기를 들어보자.

(1) **로스켈리누스**[45)]

'로스켈리누스'에 의하면 존재하는 것은 단순한 '개별자'뿐이다. '보편자'란 인간에 의해서 사유된 이름에 불과한 것이다.[46)] 또한 '보편자'는 개개의 사물들 뒤에 있는 이름일 뿐이며 '개별자'의 공통적인 특징을 집합시키고 있을 뿐인 것이다. 예를 들면 '컵'이라는 '보편자'가 존재하는 것이 아니라 각각의 '개별자'인 '컵'이 존재할 뿐이고, 각각의 사람들이 '개별자'로 존재할 뿐, '인류'라는 '보편자'는 존재하지 않는다.

이와 같이 유명론은 '보편자'의 '실재성實在性'을 부정함으로써 실재하지 않는 '교회의 위계질서'나 '교리'보다는 실재하는 각 '개별자'인 인간에게 더 가치를 두게 된다.

45) '로스켈리누스'(Roscellinus Compendiensis, 1050년경~1125년경): 프랑스의 스콜라 철학자. 보편 논쟁에 있어서의 유명론을 주장한 최초의 대표자이다.

46) '안셀무스'에 따르면 '로스켈리누스'에게 있어 '보편자'란 그저 '발음(breath of the voice)'에 지나지 않는다고 말했다.(서양철학사, 버트란트 러셀 지음, 서상복 옮김, 을유문화사, 2019, 571쪽.)

즉 '개별자'인 기독교 신자들이, '보편자'인 신앙적 집합체로서의 교회보다 기독교적 신에 더욱 가깝다는 말이 된다. 그는 이 논쟁을 교회의 '삼위일체설'에 적용하게 된다. 그는 '유명론'의 입장에서 '삼위일체설'을 부정한다. 즉, '성부'와 '성자'와 '성신'은 '하나일신一神'가 아니라 셋으로 분리되어 있는 실체로서 '3신'이라고 주장했다. 결국 이 이론으로 인해 '로스켈리누스'는 이단으로 낙인 찍혔고 교회로부터 이론의 번복을 강요 받게 된다. 마침내 1092년 프랑스의 랭스에서 열린 공의회에서 그는 이 이론을 철회하게 된다.[47]

(2) 아벨라르[48]

'로스켈리누스'의 제자였던 '아벨라르'는 처음에는 '실재론'자인 기욤[49]의 제자가 되었다. 그러다가 '기욤'의 견해에 맞서기 시작했고 '로스켈리누스'의 영향으로 '유명론'자로 돌아선다. 그에 따르면 우리가 '보편자'라고 부르는 것은 우리가 '사물'에 부여한 것이 아니라 '낱말'에 부여한 '술어述語'[50] 라는 것이다. 즉 '보편 개념'은 인간의 오성이 구체적인 사물들에 대한 경험을

47) 앞의 책. 571쪽.

48) '피에르 아벨라르'(Pierre Abélard, 1079년~1142년): 중세 프랑스를 대표하는 신학자이자 철학자. 중세 철학사 전체를 지배한 '보편 논쟁'에서 빠질 수 없는 인물. 대표적인 저서로는『Sic et Non』(Yes and No, 긍정과 부정. 1121~1122)이 있다.

49) '샹포의 기욤'(Guillaume de Champeaux, 1070년경~1121년): 프랑스의 철학자이자 신학자. 대표적인 실재론자.

50) 술어(述語, predicate): 명제(판단)에 있어서 주어에 대해 주장되는(긍정 또는 부정하는) 개념을 말한다.

토대로 각각의 유사한 속성들을 추려낸, 즉 추상의 결과물이라고 말한다.

'아벨라르'는 극단적인 '유명론'과 '실재론'을 극복하고 생각사고의 경험적 측면과 추상적 측면을 모두 중시하여, 실재하는 것인지 또는 이름만 있는 것인지를 두고 다툰 '보편 논쟁'의 한계를 극복하고자 노력했다. 특별히 그의 이런 입장을 '개념론'[51]이라고도 부른다. 하지만 '아벨라르'도 삼위일체설에 대하여 비판적 해석을 내 놓자 1121년 수아송 공의회에서 벌을 받고 수도원으로 보내진다. 4년 뒤 복권되어 활동하다가 1141년, 다시 상스 공의회에서 이 문제로 벌을 받아 클뤼니 수도원으로 보내진 뒤 거기서 죽게 된다.[52]

(3) '윌리엄 오브 오컴'[53]

'오컴'에 의하면 '보편'이란 우리의 사유 속에서 구체적 사물

51) 개념론(槪念論, Conceptualism): '아벨라르'가 보편 논쟁에서 주장한 입장으로 '보편'은 인간의 인식에 의한 것이며 '보편자'라고 불리는 것(즉, 神)은 개념에 의한 것이라고 한다. 개념에 관한 논리학적이고 인식론적 이론으로서, 스콜라 철학에서의 실재론과 유명론의 중간에 서는 입장이다.

52) 앞의 책, 572쪽.

53) '오컴'(William of Ockham, 1287년경~1349년경): 14세기 잉글랜드의 프란치스코회 탁발수도사이자 탁월한 신학자였다. '윌리엄 오컴'(William of Ockham)이라는 이름은 오컴 출신의 윌리엄이라는 말인데, 이름에 지역을 붙인 이유는 윌리엄이라는 이름이 매우 흔해서 지역(Ockham, Surrey; 런던 남부의 소도시)을 붙여 구별하고자 했던 것이다. 대표적인 저서로는 『Sum of Logic』(논리합, 1323)이 있다.

대신에 나타나는 '개념'이나 '용어' 그리고 '기호'라고 보았다. 만약 '보편'이 실재한다면 신의 천지 창조에 앞서 신의 마음속에 이미 '보편' 개념으로 존재했을 것이고, 그것은 곧 신의 의지를 속박하는 결과가 되어 신의 자유로운 창조와 모순되는 것이라고 보았다.

'오컴'의 격률을 흔히 '오컴의 면도날'Ockam's Razor이라고 부르는데 이 표현은 정작 그의 저작에서는 발견되지는 않는다. 다만 그의 전체 저작에서 일관되게 주장되는 어떤 원칙을 이렇게 불렀다. '오컴의 면도날'을 러셀[54] 은 이렇게 요약한다. "존재들은 필요 없이 늘어나서는 안된다."[55] 이 말을 좀 더 풀이해보면 '설명은 단순한 것일수록 뛰어나다' 혹은 '불필요한 가정을 개입시키지 마라' 등의 의미가 된다. 이 말은 '보편'과 '개별'을 철저히 구분함으로서 '보편자'의 존재를 부정하여, '유명론'의 정립에 공헌하게 된다.

54) 러셀(Bertrand Arthur William Russell 1872년~1970년): 영국의 수학자, 철학자, 수리논리학자, 역사가, 사회 비평가다. 《수학원리》를 저술하여 수리논리학의 성립에 공헌하였다.

55) 앞의 책 615쪽.

보충학습 자료

– '플라톤'의 이데아론the theory of Ideas; 이원론실재론과 유명론의 출발점 –

아테네 사람들에게 기원전 5세기 말엽은 정치적으로나 도덕적으로 매우 불안정한 시기였다. 선동 정치가들과 소피스트들이 오랜 기간 활동하였기 때문에 좋은 것과 정의로운 것이 무엇인지 분명하지 못한, 불확실한 혼돈의 시대였다.

정치적인 혼란이 판치는 이런 상황에서 소크라테스는 오로지 윤리적 문제에만 골몰하였다. 이전 시대의 자연 철학자들과 완전히 대비되는 부분이다. '소크라테스'는 보편적인 것을 윤리적 문제에서 찾았으며, 처음으로 '정의justice'라는 것에 대해 주의를 기울였다. 그러나 '정의'에 대한 객관적인 근거를 확립하지는 못했다. 플라톤에 이르러서야 비로소 절대적인 기준의 제시와 증명을 시도하기에 이른다.

'플라톤'은 이러한 '소크라테스'에게도 많은 영향을 받았지만 '피타고라스'[56] 나 '파르메니데스'[57], '헤라클레이토스'[58] 등의 소크라테스 이전

56) '피타고라스'(Pythagoras, 570년~495년, B.C.): 이오니아의 그리스 철학자. 그는 위대한 수학자나 신비주의자, 과학자로 알려져 있으며, 그의 이름을 딴 유명한 '피타고라스의 정리'로 널리 알려져 있다.

57) '파르메니데스'(Parmenides, 510년 경~450년 경B.C.): 고대 그리스의 철학자이다. 엘레아 학파의 대표적인 철학자. 그의 주장에 의하면 모든 진리의 바탕은 바로 '이성'인데, '이성'에 의해서 생각할 수 없는 것은 존재하지 않는다고 하였다.

58) '헤라클레이토스'(Heraclitus of Ephesus, 535년 경~475년 경, B.C.): 고대 그리스

철학자들에게도 많은 영향을 받았다.

'플라톤'은 우리의 감각은 매우 불완전하다고 먼저 전제한다. 그는 지금 우리가 보고 있는 세계현상계의 모든 것은 변화 속에 있어서 절대적인 지식의 대상이 될 수 없다고 생각하였다. 따라서 참다운 지식은 감각을 중심으로 하는 세계'감성계'에 있지 않고 이성을 중심으로 하는 '예지계叡智界'[59] 에 있으므로, 감성과 이성, '감성계'와 '예지계'라는 이원론의 구조를 만들었던 것이다. 이 이원론은 그 후 서양의 모든 학문 세계를 지배하는 강력한 구조가 되었다.

'플라톤'이 『국가론』에서 "지식이란 감각에 의하여 얻어지는 것이 아니라 이성에 의해서만이 가능하다"[60] 라고 한 말로부터 이원론을 확연하게 느낄 수 있다.

의 이른바 소크라테스 이전 철학자이다. "같은 강물에 두 번 들어갈 수 없다"는 말로 유명하다. 그 어떤 것도 안정되거나 머물러 있지 않다고 생각했다. 변화를 중요시한 철학자라고 볼 수 있다.

59) 예지계叡智界: 인간의 주관과는 독립적으로 존재하면서 인간의 감성적 경험으로는 인식할 수 없는, 순수하게 사유思惟의 방법으로만 느낄 수 있는 이념적 존재의 세계.

60) 『국가론』 플라톤, 이환 옮김, 돋을 새김, 2015. 116쪽.

제5절 중세의 갈등과 새로운 도전

'유명론'과 '실재론'의 논쟁, 즉 '보편 논쟁'은 유럽의 13~15세기를 풍미했지만 동시에 이미 여러 부분에서 금이 가고 있던 '중세'적 사고와 철학의 약화를 더욱 가속화시켰다. 그 가속화의 현상들은 유럽 여러 곳에서 다양한 형태로 나타났다.

르네상스의 영향으로 정치 문화적 분위기가 달라진 이탈리아와는 달리 유럽의 북부 여러 나라들은 상대적으로 늦게 르네상스의 분위기가 전해지는데 이 분위기는 곧 종교개혁과 뒤얽히게 된다.

르네상스와 종교개혁이 동시에 몰아친 이 시기, 북부 유럽을 대표하는 인물로는 네덜란드의 '에라스뮈스'와 영국의 '토머스 모어'가 있다.

1. '에라스뮈스'[61]

'에라스뮈스'는 네덜란드 로테르담 출신이다. 정확하지는 않지만 그의 부친은 성직자였던 것으로 추정된다. 1483년 부모가 전염병으로 죽자 어린 '에라스뮈스'는 경제적 곤궁에 시달렸고 마침내 1487년 슈타인 수도원에 들어가 1492년 사제가 되었다.[62]

1) 『우신예찬』 Moriae encomium

정확한 책의 명칭은 『로테르담의 데시데리우스 에라스뮈스가 쓴 어리석음 예찬』인데 우리나라에서는 '우신예찬'으로 번역되어 불리고 있다. 전체적인 내용은 우리 삶의 어리석음에 대한 이야기다.

책의 서문은 '에라스뮈스'가 '토머스 모어'[63] 경에게 보낸 편지로 시작한다. "아마도 이 글을 비판하는 사람이 없지 않아, 일부는 교회 학자가 쓰기에는 너무도 가볍다고 힐난하며, 일부는 점잖은 기독교인이 쓰기에는 너무도 신랄하다고 비난할 것

61) '데시데리위스 에라스뮈스'(네덜란드어: Desiderius Erasmus, 1466년~1536년): 보통 '에라스뮈스'로 부른다. 네덜란드 태생의 로마 가톨릭교회 성직자이자 인문주의자이다. 종교개혁 운동에 영향을 준 기독교 신학자이다. 대표작으로 『Moriae encomium』(In Praise of Folly, 우신예찬, 1511)이 있다.

62) Erasmus and the Age of Reformation, Huizinga, Johan, Project Gutenberg, 2007

63) 본서 72쪽 주) 참조.

입니다."[64] 에서 보듯 에라스뮈스 자신도 이 책의 내용이 당시 분위기에 비춰 볼 때 적절한 이야기는 아니라고 생각한 모양이다.

『우신예찬』의 주요 내용은 다음과 같다.

'우신이 말한다'로 시작되는 이 책은 1509년 여름, '에라스뮈스'가 이탈리아에서 영국으로 여행하던 중에 그의 현명한 친구 '토머스 모어'를 생각하다가 '토머스 모어'의 라틴식 이름인 '모루스'에서 영감을 얻어 '모리아'[65] 라는 여신을 연상하였고, 그 여신 '모리아'의 독백으로 세상을 풍자하고 있다.

바보 여신의 풍자가 독설로 변하는 구절에서 '에라스뮈스'가 말하고자 하는 진심이 보인다. 예를 들면 다음과 같은 구절이다.

"교회 학자들의 파벌에서 논의되는 문제들은 어찌나 복잡하고 어찌나 난해한지, 만약 새롭게 등장한 이 교회 학자들과 설

64) 우신예찬, 에라스뮈스 지음, 김남우 옮김, 열린 책들, 2011. 15쪽.

65) '모리아', '모로스'(Moros): 우신예찬에서는 바보 신이라는 뜻으로 사용되었다. 하지만 본래 의미는 '복을 가져다 주는 신'의 뜻으로 처음 호메로스의 『오딧세이아』 제8권 325행에서 사용되었다. 로마인들은 '스툴티티아(Stultitia)'라 불렀고 그리스 사람들이 '모리아'라고 불렀다.

전을 벌여야 한다면 사도들조차도 또 하나의 성령이 필요할지도 모를 일이라고 나는 생각합니다."[66] 이 글에서 '에라스뮈스'는 당시 교회의 진리와는 무관한, 그리고 사람들의 정서와도 무관한, 즉 대단히 복잡해진 교의를 비판한다.

"자신의 방법으로 그의 백성들을 지키고자 하였던 예수 그리스도가 돌아가셨으니 이제는 자신들이 칼을 들어야 할 것처럼 교황들은 전쟁을 불사합니다. 전쟁은 끔찍하기가 짐승이 아닌 인간에게는 어울리지 않으며, 시인들이 말하는바 복수의 여신들이 보낸 것이라 할 만큼 미친 짓이며, 세상을 한꺼번에 휩쓸어 가는 역병처럼 치명적이며, 흉악무도한 날강도들이 제일 잘 수행하곤 하는 무법한 일이며, 그리스도와는 무관한 불경한 일인 바, 그럼에도 불구하고 교황들은 다른 것들은 아랑곳하지 않으며 오로지 전쟁을 수행합니다. 이 가운데 여러분은 백발이 성성한 교황들조차 청춘의 열정과 힘을 과시하는 것을, 엄청난 비용에 괘념치 않는 것을, 역경과 고난에 지치지 않는 것을, 국법과 종교와 평화와 인간 만사가 모조리 뒤죽박죽 엉망이 되는 것에도 굴하지 않는 것을 목격하였습니다. 그들 옆에서 학식을 갖춘 아첨꾼들은 명백한 광기를 열정과 경건과 용기라고 부르며, 어떤 사람이 치명적인 칼을 뽑아 형제의 복부를 찌르면서도

66) 앞의 책, 53쪽.

그리스도의 크나큰 사랑과 기독교인이 따라야 할 그리스도의 가르침으로부터 조금도 벗어나지 않을 수 있는 놀라운 방법을 찾아내고 있습니다.[67)]

십자군 전쟁으로 얼룩진 중세 교회의 혼란과 무분별함을 서슴없이 비판하는 '에라스뮈스'의 글에서 이미 몰락해가는 중세를 느낄 수 있다.

'에라스뮈스'는 비록 그의 책 속에서였지만 교황과 사제들의 악행에 대해서도 과감하게 비판하였다.

"사제들 모두가 수익을 올리는 데 밤낮을 가리지 않으며, 그와 관련된 법률에 정통하다는 점에서, 그들은 세속인들과 다르지 않습니다.

마찬가지로 교황들은 예배를 통해 금전을 부지런히 모으는 데 바빠 사도의 막중한 과업은 주교들에게 이양하며, 주교들은 사제들에게 이양하고, 사제들은 부제들에게, 부제들은 탁발하는 형제들에게 이양합니다. 그럼 탁발 수도승들은 이를 다시 양털을 깎는 목자들에게 전가합니다."[68)]

67) 앞의 책, 62쪽.
68) 앞의 책, 63쪽.

그러나 이렇게 교황과 교회에 대해 비판적인 '에라스뮈스'가 아이러니하게도 '종교개혁'에 대하여는 전혀 다른 생각을 가지고 있었다. 사실 처음에는 '루터'[69] 의 종교개혁 방향에 동의하였으나[70] 구체적인 방향은 완전히 달랐고 둘은 1533년 이후로 완전히 달라졌으며 이후 '에라스뮈스'는 '루터'를 "독사", "거짓말쟁이", "사탄의 입과 기관"으로 표현하였다.[71]

2) '에라스뮈스'의 한계

누구보다도 종교 내부의 문제를 깊이 생각하고 또 비판했던 그를 다른 사람들은 모두 종교개혁의 선구자가 될 것으로 생각했으나, 사실 그는 그저 강직한 인문주의자였을 뿐이었다. '에라스뮈스'는 대부분 방랑생활을 하면서 지냈는데, 주로 프랑스 파리와 네덜란드의 루뱅, 그리고 영국의 바젤에서 활동했다.

69) '마르틴 루터'(독일어: Martin Luther, 1483년~1546년): 독일 작센안할트주 아이슬레벤 출신의 종교개혁을 일으킨 인물. 로마 가톨릭교회의 부패와 잘못된 교황의 권위에 항거하여, 로마 가톨릭교회의 교리를 논박하고, 성서가 지니고 있는 기독교 신앙에서의 최고의 권위와 그리스도에 대한 오직 믿음과 하나님의 전적인 은혜를 통한 구원을 강조했다. 《위키 백과 참조》

70) '루터'의 '종교개혁' 당시 바젤에 체류하며 신교와 구교의 갈등을 중재하기도 했던 그는 신구의 갈등이 격화되자 프라이부르크로 이주했다가 1535년 다시 바젤로 돌아와 1년 후 사망하는 마지막 순간까지 연구와 집필에 몰두했다. 『우신예찬』 에라스뮈스 지음, 김남우 옮김, 열린 책들, 2011, 3쪽.

71) 『서양철학사』 버트란트 러셀 지음, 서상복 옮김, 을유문화사, 2019, 671쪽.

1518년 종교개혁 국면에서 '루터'의 과격함에 비위가 상한 '에라스뮈스'는 이전의 비판적 노선을 접고 가톨릭 쪽으로 급선회하게 된다. 이후 '루터'와 여러 면에서 서로 충돌하게 되면서 '에라스뮈스'는 오히려 종교개혁에 대한 반동적 입장(가톨릭의 입장)을 지켰고 이러한 이유로 유럽 세계에서 '에라스뮈스'의 위상은 점점 잊혀져 가게 되었다. 즉, 중세적 사고로부터 새로운 시대로의 변증적 발전 기회를 '에라스뮈스' 스스로 봉쇄해 버린 것이다.

2. '토머스 모어'[72] 와 '유토피아'[73]

1) '토머스 모어'

'토머스 모어'경은 인간적인 면에서는 앞서 소개한 '에라스뮈스'보다는 훨씬 높은 점수를 받을지는 몰라도 후세에 미친 영향력은 '에라스뮈스'에 미치지 못한다. 왜냐하면 그는 매우 경건

72) '토머스 모어'(Sir Thomas More, Saint Thomas More 1478년~1537년): 잉글랜드 출신의 법률가이자 저술가, 인문주의 사상가, 정치가. 가톨릭 교회에서는 그가 죽은 후 400년이 지난 1935년, 교황 비오 11세 시절에 토머스 모어를 성인으로 시성함. 영국의 성공회 교회는 1980년에 이르러 마침내 성인으로 대우하여 교회력에 이름을 올려 줌.

73) '유토피아'(Utopia): '토머스 모어'가 1516년 발표한 그의 책 제목을 통해 처음으로 알려졌다. 그리스어의 'ou'(없다)와 'topos'(장소)를 조합한 말로서 '어디에도 없는 장소(no place)'라는 뜻으로 '모어'가 의도적으로 지명에 사용하였다. 즉, '유토피아'는 '현실에는 결코 존재하지 않는 이상적인 사회'를 일컫는 말이다. '이상향理想鄕'이라고 부른다. 반의어로는 '디스토피아'가 있다.

한 인문주의자였고 동시에 경건한 신앙인이었다. 그가 처형된 이유 또한 거대한 정치적 대의명분을 위한 투쟁의 결과가 아니라 당시 왕과의 대수롭지 않은 갈등 때문이었다. 즉, 그는 그가 살았던 당시의 신앙이나 정치체제에 자신의 삶을 걸어 반대나 저항을 한 사람은 아니었다는 것이 후세의 평가이고 그것이 그를 비슷한 시대 자신의 삶을 건 모험을 잠시라도 감행했던 '에라스뮈스'보다 덜 영향력이 있는 사람으로 만든 이유일 것이다.

그는 변호사였던 부친의 영향력에 힘입어 어렵지 않게 1504년 의회의 의원이 된다. '헨리 8세'[74] 에 의해 중용된 그는 1529년 대법관에 임용되었는데 매우 현명한 판결과 청렴한 처세로 인해 사람들의 칭송을 받았다.

하지만 '헨리 8세'와 '아라곤의 캐서린'의 이혼에 대하여 강경하게 반대한 문제로 마침내 '헨리 8세'의 총애를 잃게 된다. 마침내 1534년 '헨리 8세'가 '수장령Act of Supremacy[75]'을 선포하고

74) '헨리 8세'(Henry VIII, 1491년~1547년): 잉글랜드의 국왕(재위 1509년~1547년). 헨리 7세의 둘째 아들로 형이었던 '아서 튜더'가 요절하자 뒤를 이어 왕세자가 되었다. 형수인 왕비 '아라곤의 캐서린'과 결혼하여 딸 '메리 튜더'를 두었지만 아들이 없어서 결혼한 지 20년만에 별거하였다. 이에 자신의 정부였던, 궁녀 출신 '앤 불린'과 혼인하려고 하였으나 교황 '클레멘스 7세'가 혼인 무효화(이혼)를 허락하지 않아 교황청과 갈등을 겪었다. 마침내 그는 교황과의 결별을 선언하고 1534년 수장령首長令을 내려 잉글랜드 교회를 로마 가톨릭교회로부터 분리시켰다.

75) '수장령'(Act of Supremacy): 1534년 영국 왕 헨리 8세가 로마 교황청과의 관계를 단절하고 영국 교회를 관리하는 모든 권한이 국왕에게 있음을 선포한 법령이다. 로

'모어'에게 서명을 요구하였지만 서명을 거부하였고, 이에 대역죄로 기소되어 1535년 런던 탑에서 참수되었다.

2) 『유토피아』Utopia

'모어'의 책 『유토피아』에 의하면 '유토피아'는 지구의 남반구 어디쯤 있는 섬으로서 이 섬을 처음 발견한 사람은 '라파엘 히틀로다이오'영어식 발음은 히슬로데이인데 우연히 그 섬에 들어가게 되었고 거기서 살다가 그 섬의 슬기로운 제도를 알리기 위해 유럽으로 돌아왔다고 한다.[76)]

'유토피아'에서는 모든 것을 공동소유로 하는데 사유재산을 인정하면 공공선을 증진하기 어려우며 정치적 통제의 형태인 공산제 없이는 평등의 실현이 어렵기 때문이었다.

'유토피아'에 세워진 54개의 도시는 그 중 하나가 수도라는 것을 빼고는 모두 같은 계획안에 의해 설계되었다. 문에는 자물쇠를 설치하지 않았으며 누구든 아무 집에나 들어갈 수 있다. 사람들은 10년마다 집을 바꾸는데 이것은 소유권의 개념을 없애기 위한 장치로 보인다.

마 교황청이 아라곤의 캐서린과의 이혼을 반대한 것이 중요한 이유였다. 이 법에 따라 기독교 역사에서 성공회의 시초가 마련된다.

76) 유토피아, 박문재 옮김, (주) 현대지성, 2020. 9쪽, '토머스 모어가 페터 힐레스에게 보낸 서신 1'

시골에는 농장이 있고 하나의 농장에는 40명 정도의 사람들이 일을 한다. 이 농장은 나이가 지긋한 남, 녀 각 한 명의 지도하에 운영된다. 모든 사람들은 하루 6시간 일을 한다. 즉, 점심시간을 전후하여 3시간씩 일을 한다. 8시에 잠자리에 들고 또 8시간을 자며 이른 아침에는 공동의 강의가 있지만 강제성은 없다. 6시간 일을 해도 경제적으로 충분한 것은 게으름뱅이가 없고 쓸모 없는 노동은 존재하지 않기 때문이다.

‘유토피아’에서는 일부 사람들을 뽑아 지식인이 되도록 교육하는데, 그들이 교육에 충실하다면 다른 생산적인 일은 면제된다. 이들 중에서 정부 관련 업무를 할 사람을 뽑는다. 정치 체제는 대의 민주제이며 수장은 왕으로서 선출되지만 종신제이고 더러는 쫓겨나기도 한다.

가족생활은 가장 중심으로 운영되는데 특이한 점은 결혼한 아들은 아버지 집에서 아버지가 나이 들어 힘이 없을 때까지 아버지의 지도를 받는다. 결혼은 순결을 중요하게 생각했으며 매우 엄격한 요건을 준수하였다. 엄격한 기준에 의해 이혼도 허락하였다.

‘유토피아’에서도 외국과 무역을 하는데 무역의 핵심은 ‘유토피아’섬에서 생산되지 않는 철을 확보하는 것이었다. 철을 확보

한다는 것은 당연히 전쟁을 가정한 것으로서 남녀 모두 전쟁 기술을 익혔다.[77)]

3)『유토피아』의 한계

놀라우리만큼 자유주의적인 생각으로 가득한『유토피아』지만 몇 가지 한계를 가지고 있다. 물론 '모어'가 살았던 16세기에 생각할 수 있는 범위를 뛰어넘는 부분이 많지만 여전히 16세기에서 벗어나지 못한 생각도 많이 보인다.

첫째 '노예제도'를 가정한다.『유토피아』 전체에 노예제도에 대한 다양한 이야기가 등장하는데 결혼 제도, 농장 제도, 그리고 전쟁 상황에서 '노예제도'를 가정하고 있다.

둘째 가톨릭교회과 공산주의 체제의 혼선이다.

경건하고 엄격한 신앙인이었던 '모어'에게 교회는 여전히 평등과 공유의 상징이었던 모양이다. 당시에 이미 교회는 부패가 만연하였고 성직자는 타락해 있었다. 하지만『유토피아』에 의하면 그리스도가 사유재산을 반대했다는 사실을 알게 된 '유토

77)『유토피아』 박문재 옮김, (주) 현대지성, 2020. 에서 2. 유토피아의 도시들, 특히 아마우로스(수도), 4. 직업, 5. 사회조직, 7. 생산물의 공평한 분배, 8. 양육과 학문, 9. 노예, 10. 전쟁, 11. 종교 등 요약.

피아' 사람들이 기독교로 개종했다는 이야기에서, 모어가 가진 기독교 가치관의 한계를 알 수 있다.[78)]

셋째 '모어'의 삶에 대한 가치관의 문제이다. '유토피아'에서는 언제나 지루한 일상들이 반복된다. 범죄의 위협이 없지는 않지만 대부분의 사람들은 안락하고 평안한 삶을 누린다. 하지만 삶이 행복해지려면 반드시 다양성과 그에 따른 변화와 위험이 존재하여야만 한다. 위험을 이겨내고 느끼는 만족감이 삶에서 느끼는 행복의 근원인 것이다. 하지만 '유토피아'에서는 다양성과 변화가 거의 없다. 아니 있을 가능성이 매우 낮다. 모든 것이 계획되고 조직되어 있어, 다양한 변화의 가능성이 원천적으로 차단되어 있기 때문이다.

'모어'는 『유토피아』를 통해 당시의 기준으로 완전하고 이상적인 사회를 구상했다고 생각했는지 모르지만 그런 사회는 존재할 수도 없으며 동시에 존재해서도 안 되는 사회일지 모른다.

78) 앞의 책, 112쪽, "그분을 따르는 사람들은 그리스도의 가르침을 좇아 모든 것을 공유하는 삶을 살았고, 지금도 기독교인 중에서 참된 신앙을 지닌 사람들은 여전히 그렇게 산다는 이야기를 듣고서 기뻐했습니다. … 그 이유가 무엇이든, 그들 중 적지 않은 사람이 우리 종교를 받아들였고, 세례를 받고 싶어 했습니다."

제6절 종교개혁과 반종교개혁

영국의 '러셀'은 종교개혁과 반종교개혁에 대하여 이렇게 말했다. "종교개혁과 반종교개혁은 둘 다 문명의 발전이 더딘 나라들이, 지적인 문명의 발전이 앞선 이탈리아의 지배에 맞서 일으킨 반란이었다."[79)]

지금까지 우리가 알아왔던 종교개혁과 반종교개혁의 의미와 조금 다른 견해임에 틀림없다. 실제로 두 개의 사건은 종교적 · 신학적 반항만 있었던 것은 아니었다. 더 많은 부분이 정치적인 반항이었지만 당시의 분위기와 후세의 역사가들에 의해 선택적으로 종교개혁, 혹은 반종교개혁으로 명명된 것이 사실이다.

그도 그럴 것이 종교개혁의 핵심은 교황이라는 권위에 대한 거부이자 동시에 저항이었다. 마찬가지로 반종교개혁은 르네상스에 의해 증폭된 도덕적인 자유에 대한 반항으로 보기도 한다.

종교개혁은 독일을 중심으로 일어났는데 독일에서 종교개혁

79) 서양철학사, 버트란트 러셀 지음, 서상복 옮김, 을유문화사, 2019, 677쪽.

의 움직임이 발생하기 쉬웠던 요인은 독일 전 지역이 종교적 공통점가톨릭 외에는 정치적으로는 거의 분열되어 있어서, 각 정치세력작은 공국들은 각자의 이익에 맞는 다양한 입장을 가지고 있기 때문이었다. 즉 종교개혁을 정치적인 입장에서 수용하였으며 다양한 정치세력은 이러한 변화를 촉진하였다.

마찬가지로 반종교개혁이 일어난 스페인은 다른 유럽 국가들과 지리적으로 떨어져있어 정치적 문화적 발전이 지체된 상황에서, 종교적가톨릭 세력이 강하여 반종교개혁의 분위기를 쉽게 받아들인 것이다. 종교개혁의 대표적인 인물로는 루터[80], 칼뱅[81]이 있고 반종교개혁의 대표적인 인물은 로욜라[82]가 있다.

80) '마르틴 루터'(Martin Luther, 1483년~1546년): 독일의 종교개혁가. 중부 독일 비텐베르크(지금의 할레시 부근) 대학교의 교수이자 '아우구스티노회' 수사였던 '루터'는 교회에서 로마의 성당을 건설하기 위해 교황청이 대량으로 판매하여 비리가 발생한 면죄부 판매에 대하여 회개가 없는 용서, 거짓 평안이라고 비판하였다. 1517년 10월 31일 비텐베르크 대학교 교회 정문에 95개 논제를 게시했다고 알려져 있으며, 이것으로 종교개혁의 서막이 시작되었는데 당시 면죄부를 판매하던 도미니코회 수사이자 설교자 '요한 테첼'에 맞섰다. 이렇게 상황이 전개되자1520년 교황 레오 10세는 '루터'의 모든 주장을 철회하라고 요구했다. 하지만 '루터'는 오직 성경의 권위를 앞세우면서 이 요구를 거부하였다. 1521년 보름스 회의에서도 마찬가지로 신성 로마제국의 황제인 카를 5세로부터 같은 요구를 받았으나 거부함으로써 결국 교황에게 파문 당했다.

81) '장 칼뱅'(John Calvin 1509년~1567년): 종교개혁을 이끈 프랑스 출신의 개혁주의 신학자이자 종교개혁가. 하나님의 절대 주권을 강조하는 것과 구원은 전적으로 하나님에 의해 주어지는 은혜라는 것을 강조하였고, 개혁주의라고도 불리는 기독교 사상 중 하나인 '칼뱅주의'의 시초를 놓았으며, 마르틴 루터로부터 시작된 종교개혁을 완성시켰다는 평가를 받는다.

82) '성 이그나티우스 로욜라'(Sanctus Ignatius de Loyola, 1491년~1556년): 로욜라는 스페인 바스크 귀족 가문의 기사이자 로마 가톨릭 교회의 은수자(hermit – 외딴 곳

I. '루터'의 영향

서양 철학의 흐름이라는 측면에서 종교개혁과 반종교개혁은 철학의 시계를 천년 전으로 되돌려 다시 성 '아우구스티누스'[83)]시대로 돌아간 것이다. 중세를 거치면서 종교적 영광을 구현하는 몇 가지 기초로 전락한 철학적 논의가, 그나마 있었던 그 동안의 진척을 접고 다시 과거 '플라톤적 이원론'으로 회귀하게 된 것이다.

플라톤의 이원론은 '아우구스티누스' 철학의 핵심이었다. '아우구스티누스'의 철학은 그의 신학적 열망의 중요한 도구였을 것인데 그의 저서 『고백록』[84)]을 통해 '아우구스티누스'의 철학신학적 논의를 이해할 수 있다.

이미 말한 바와 같이 '아우구스티누스'의 철학은 '플라톤' 철

에 혼자 사는 수도자)이자 신학자. 예수회의 창립자이자 초대 총장. 그는 가톨릭 개혁 시기에 지도자로서 예수회원의 가톨릭교회에 대한 충성은, 교회의 권위와 제도에 대한 절대적인 임무임을 강조하였다.

83) 히포의 성 아우렐리우스 아우구스티누스(Sanctus Aurelius Augustinus Hipponensis, 354년~430년): 4세기 북아프리카인 알제리 및 이탈리아에서 활동한 기독교 보편교회 시기의 신학자이자 성직자, 주교로, 서방 기독교에서 교부로 존경받는 인물이다. 마르틴 루터와 장 칼뱅과 같은 종교개혁가들에게 큰 영향을 주었다.

84) 고백록(Confessions, 397년~400년): 아우구스티누스의 수많은 저서 가운데 가장 많이 알려진 기독교의 고전. 아우구스티누스 스스로 자기애만 가득했던 지난 날을 신께 고백하고 자기애가 신에 대한 사랑으로 변화되는 과정을 기록한 작품이다.

학의 계승이었다. '플라톤' 철학은 철저한 이원론에 기초한 철학이다.[85] 즉 두 개의 세계, '이데아'와 '현실'을 구분하고 그것으로 모든 세계를 이해하였다. '아우구스티누스'는 '플라톤'의 이원론의 구조를 그대로 가져오면서 '이데아'를 '신'창조주으로 바꾸고 '현실'을 신에 의한 '피조물'로 대치시켰다.

'루터'는 '아우구스티누스'의 영향으로 '영혼'과 '신'의 관계에 대한 이야기만을 강조하고 이원론적 논의의 밖에 있던 교회의 권위에 관한 부분을 강조하지 않았다. '루터'의 이런 태도는 매우 의도적이었는데, 당시의 교회가 가졌던 권력을 약화시키는데 그 목적이 있었다. 대표적으로 '대사교리大赦敎理'[86]를 거부했는데, '대사'가 남발되면서면죄부 이것을 대가로 교회가 거둬들인 돈이 교황청 수입의 대부분을 차지했고 이것이 종교개혁의 핵심 원인이었기 때문이었다.

'루터'는 개신교도인 나라에서 군주를 교회의 수장으로 분명하게 인정하였다. 앞서 이야기한 것처럼 '루터'에게 교회는 '영혼'과 '신'의 문제 다음에 있는 것으로 인식되었다. '루터'의 이

85) 본서 64쪽, '보충학습 자료; 플라톤의 이데아론(the theory of Ideas); 이원론(실재론과 유명론)의 출발점. 참조

86) 대사大赦 교리: 대사(大赦, Indulgentia) 또는 면벌免罰, 대사부大赦符는 라틴어로 '은혜' 또는 '관대한 용서'라는 뜻이다. 가톨릭교회의 신학을 따르면 교황이 지닌 일종의 종교적 죄의 처벌에 대한 '사면권'이다.

러한 입장개신교의 입장은 여러 나라에 영향을 미치게 된다. 영국의 '헨리 8세'는 '루터'의 이러한 입장을 이용하여 교황권에 눌린 왕권 강화를 기도하였고 그 결과 '헨리 8세'는 자신의 권한을 강화하는데 일단은 성공하게 된다. 이 사건을 계기로 인근의 독일, 스칸디나비아, 네덜란드 등의 군주들도 이러한 태도를 적극 수용하여 기존의 왕권을 강화하는 수단으로 개신교를 국교로 삼아 자신들의 권한을 강화하게 된다.

하지만 종교개혁이 가지는 본질적인 부분 중 하나가 개인주의적 측면이었기 때문에 개신교도들은 가톨릭 신자가 교황에게 복종하는 것만큼이나 왕에게 복종하는 것을 싫어했다. 이러한 태도는 이후 국가가 종교 문제를 결정하는 문제를 두고 오랜 갈등의 과정[87]을 겪게 된다. 거의 100여 년에 걸친 지루하고 명분 없는 싸움의 끝에 사람들은 종교 간의 첨예한 반목에 염증을 느꼈고 마침내 종교적 관용의 기운들이 싹텄으며 변증적인 결과에 따라 이러한 종교적 관용은 18세기와 19세기 자유주의[88]

87) 유럽 종교전쟁(European wars of religion): 16세기 초에서 17세기까지 서유럽, 중앙유럽, 북유럽을 휩쓴 일련의 종교전쟁. 1522년 팔츠 기사들의 전쟁을 시작으로 유럽 각지에서 정치적 종교적 차이로 일어난 전쟁. 1648년 베스트팔렌 조약에 의해 대부분의 전쟁이 끝날 때까지 100여 년간 유럽을 휩쓸었다.

88) 즉 '자유주의'란 '자유'에 최고의 가치를 두고 모든 인간의 생활에서 이 '자유'의 실현을 추구하는 사상으로 풀이될 수 있다. '자유주의'는 근대사회의 가치 및 제도를 창출하는 데에 결정적인 영향을 끼쳤다. 또한 '자유주의'는 신분의 차이를 넘어 자신의 의지로 행동하고, 자신의 행복을 추구하는 것을 보증하며, 인간은 결코 침범할 수 없는 권리(천부인권)를 지닌다는 것까지도 포함하고 있다. 그리하여 마침내 '자유

의 바탕이 되었다.

2. 반종교개혁의 대표자 '로욜라'의 영향

'로욜라'는 군인하급 귀족의 자제로 17세에 자원 입대함 출신으로 그가 만든 예수회[89] 조직은 군대식이었으며 총장에게 무조건적으로 복종하여야 하고 모두 이교도에 맞선 싸움에 참전할 각오로 생활하였다. 예수회가 이름을 알리게 된 것은 트리엔트 공의회[90] 였는데, 교황청과 가톨릭이 바라는 여러 면모를 예수회 수사들이 발군의 실력으로 보여주게 된다. 예수회 수사들은 수도생활을 통해 종교적으로 완벽하게 무장되어 있을 뿐만 아니라 대의명분을 알리는 선교, 선동가로서의 자질도 동시에 가지고

주의'는 '민주주의', '입헌주의 그리고 '시장 경제' 등 정치, 경제제도와 결합하여 근대사회를 이루는 틀로 성장하였다. (중학교 철학, 김준식, 교육과학사, 2022, 108쪽.)

89) 예수회(Jesuits): 가톨릭교회의 엄밀한 학문과 군대식 조직으로 알려진 수도회이다. 이 수도회는 1539년 로욜라에 의해 창립되어 1540년 교황 바오로 3세로부터 정식 승인을 받았다. 예수회는 교황에게 충성을 맹세했지만 그들의 지적인 독립성과 수도회의 지침은 교황청에게 위협이 되기도 했으며, 자주 유럽의 정치적 분쟁(특히 유럽의 제국주의적 식민지 전쟁 시기)에 뒤얽히기도 했다.

90) 트리엔트 공의회(Concilium Tridentinum, 1545년~1563년): 이탈리아 북부 트렌토(트리덴틴)와 볼로냐에 소집된 로마 가톨릭교회의 공의회이다. 종교개혁이라고 불리는 사건으로 인한 프로테스탄티즘의 출현에 자극받은 반종교개혁을 위한 모임이었다. 이 공의회의 목적은 종교개혁에 반발하여 '누가 이단이냐'를 가리는 것이 아니라 '무엇이 이단인가'를 밝혀 가톨릭 신앙 교리의 명확한 한계를 정립하기 위한 것이었다. 이 공의회는 종교개혁으로 빠르게 개신교화되고 있던 유럽을 다시 가톨릭화하려는 목적을 이루려는데 있었다. 이러한 목적 달성을 위해 가톨릭은 정치적, 군사적으로 수행되었다.

있었다. 그들은 개신교에서 인용한 '성 아우구스티누스'의 가르침을 거부하였으며 개신교의 핵심 교리였던 운명예정설[91]을 반대했다.

뿐만 아니라 앞서 이야기한 것처럼 예수회 수사들은 선교에 탁월한 능력을 발휘한다. 특히 극동 지역 선교에 능력을 발휘하여 교황청으로부터 두터운 신망을 얻게 된다. 이들은 또 교육에 열의를 가져 신학적인 문제와 연결되지 않는 한 최고의 교육을 제공했는데 우리가 잘 아는 '데카르트'[92]에게 당시 쉽게 접할 수 없었던 수준 높은 수학을 가르친 사람들도 바로 예수회 수사들이었다.[93]

물론 가톨릭 국가의 군주들을 압박하여 이교도들에게 냉혹한 박해를 종용하고 심지어 이미 사라진 종교재판소를 이들의 영향권 안에 있던 국가에 새롭게 설치하는 등의 반 시대적 부작용도 없지는 않았다.

91) 운명예정설: 5세기 아우구스티누스의 신학 이론에서 출발하는 이 이론은 개신교의 논리로 채택되었다. 인간의 구원은 인간의 노력이나 행위와 상관없이 전적으로 신의 은총에 의해 이루어지며, 이에 따라 선택 받은 영혼들이 구원을 받는다고 보는 것은 기독교계의 교리이나 이에 더 나아가 구원 이전에 예정이 있었다고 보는 신학 이론이다.

92) 제 7절 라. 르네 데카르트 참조.

93) 예수회 계열 학교인 라플레슈(La Flèche)에 입학해 8년을 공부함.

3. 종교개혁, 반종교개혁의 영향

철학사적 관점으로 본다면 종교개혁이나 반종교개혁은 모두 철학 발전의 거대한 흐름에 악영향을 끼쳤다고 볼 수 있다. 하지만 반대의 의견도 있는데, 이 두 사건은 결국 변증법적인 과정을 거쳐 극단적인 종교적 태도가 와해되는 결과를 가져왔다고 평가받기도 하는 것이다. '러셀'은 이 두 사건의 영향을 이렇게 표현하고 있다. "30년 전쟁[94]으로, 개신교도나 가톨릭교도 가운데 어느 한쪽이 완벽하게 승리하기 어렵다는 사실을 누구나 알게 되었다. 그래서 교리의 통일을 바라는 중세적 소망도 포기할 수밖에 없었다."[95] 즉 루터에 의한 신교이든 기존의 가톨릭이든 그 어느 것도 강요하지 않는 분위기가 조성되었고 이러한 분위기는 당연한 변증적 결과로 근대의 탄생을 더욱 자극하게 되었다.

94) 30년 전쟁(1618년~1648년): 유럽에서 로마 가톨릭교회를 지지하는 국가들과 프로테스탄트교회를 지지하는 국가들 사이에서 벌어진 종교 전쟁. 30년 전쟁은 종교적인 측면에서는 프로테스탄트교회(개신교회)와 로마 가톨릭교회의 대립으로, 정치적인 측면에서는 전제군주정과 봉건 제도의 대립으로 볼 수 있다.

95) 『서양철학사』 버트란트 러셀 지음, 서상복 옮김, 을유문화사. 2019. 680쪽.

제7절 근대성Modernity[96]을 향하여

'근대'와 이전 시대를 구분하는 여러 기준 중에 우리가 잘 알고 있는 것은 17세기 무렵의 과학의 발전이지만 '근대'라는 기초 속에는 수많은 철학자들의 노력도 포함되어 있음을 잊지 말아야 한다.

1. 근대의 서막

16세기가 시작될 무렵에는 이탈리아를 넘어선 '르네상스'의 기운이 전 유럽으로 확산되기는 했지만 '르네상스' 운동은 중세에 포함시키기에도 애매하고 그렇다고 근대에 편입시키기도 곤란한 운동이었다. 따라서 '르네상스' 운동의 파급을 근대의 징표로 삼기는 곤란하다.

'근대'의 속성, 즉 '근대성'을 몇 개의 짧은 문장으로는 표현하기는 어렵다. 먼저 '근대'라는 의미의 영어 단어인 'Modernity'

96) 역사학에서는 근대성을 두 시기로 나누는데 보통 16~18세기를 근세(early modern period)로, 18세기 이후(late modern period)를 근대로 표현한다. 그리고 이 두 시기를 전체적으로 '근대'로 부른다. 근대의 성격, 즉 근대성이란 정치적으로 봉건적이거나 전제적인 면을 벗어난 것을 의미한다. 하지만 '근대'라는 용어가 매우 긴 시기를 포함하는 것이므로, '근대성' 역시 상황에 따라 그리고 내용에 따라 그 의미를 파악해야 한다.

를 분석해 보자. 'Modernity'의 어원인 라틴어 'modernus'형용사는 역시 라틴어의 'modo'부사에서 파생된 단어다. 'modernus'의 의미는 'something that is modern'근대적인 어떤 것이라는 뜻으로 실제로 활용된 것은 5세기경 '기독교 시대' 와 '이교의 시대'를 구별하는 의미로 쓰이기 시작했다. 17세기 초에 처음으로 사용된 '근대성Modernity'이라는 용어는 통상적으로 르네상스 이후 시대를 의미[97] 한다고 볼 수 있다.

1) '니콜라우스 코페르니쿠스'[98]

'코페르니쿠스'는 현재의 폴란드 중북부에 있는 토룬Toruń 출신이다. 그는 독실한 가톨릭 신자였으며그는 50세쯤에 대주교가 되기도 한다. 27세 때인 1500년 여름 '코페르니쿠스'는 이탈리아 볼로냐 대학에서 4년 동안의 법률 공부를 마치고 로마로 여행을 떠난다. 이 여행에서 '코페르니쿠스'는 이탈리아의 르네상스를 온몸으로 느끼게 되었다. 유학을 마치고 폴란드로 돌아온 그는 프라우엔부르크당시 동프로이센에 속한 도시 성당 참사회원으로 일했다. 참사회원이란 성당의 미사를 계획하고 건물을 관리하는 직책이므로 그다지 일이 많지 않아 남는 시간에 천문학을 연구했다.

97) 『Modernity』 Delanty, Gerard. Blackwell Publishing. Blackwell Encyclopedia of Sociology, 11 vols. 2007.

98) 코페르니쿠스(Nicolaus Copernicus, 1473년~1543년)

1543년 코페르니쿠스가 출판한 『De revolutionibus orbium coelestium』천구의 회전에 관하여는 태양은 우주의 중심이며 지구는 태양 주위를 돈다는 지동설에 관한 내용을 담고 있다.

『천구의 회전에 관하여』는 전체 6권으로 이루어져 있으며 '태양중심설'은 1권에 서술되어 있다. 2권부터는 복잡한 수식으로 되어 있으나 1권은 복잡한 수식을 사용하지 않고 대부분 서술문으로 되어 있다.

1권은 전체 14장으로 이루어져 있었는데, 제1~3장에서는 우주나 여러 천체와 지구가 모두 구형이라는 점을 이야기하고 제4장에서는 천체가 원운동을 한다는 것을 서술하였다.

제5장에서 결정적으로 지구는 자전하면서 동시에 태양 주위를 원운동 한다는 '태양중심설'을 설명하고 있다. 제6~8장에서는 '태양중심설'에 대한 '지구 중심설' 입장의 반론을 들어 이것을 논리적으로 반박하고, 제9~11장은 '태양중심설'의 입장에서 어떻게 천계의 여러 현상이 합리적으로 설명되는가를 설명하고 있다. 제12~14장은 제2권에 대한 수학적 준비로서 원호의 표와 삼각법의 기초 정리를 서술하고 있다.

이 책은 그 당시까지 기독교적 세계관성서적 세계관에 의해 정설로 믿어오던 '지구 중심설', 즉 '천동설'[99] 의 오류를 지적하고 태양중심설, 즉 '지동설'을 주장하여 근대 자연과학의 획기적인 전환, 이른바 '코페르니쿠스의 전환'[100] 을 가져왔다.

2) 프란시스 베이컨[101]

'베이컨'은 1561년 런던 스트랜드에서 태어났다. 어린 시절부터 몸이 약했던 '베이컨'은 일생 동안 여러 역병에 시달렸다. 하지만 비상한 능력으로 12살에 캠브리지 트리니티 대학에 입학하게 된다. 이곳에서 약 3년 정도 머물면서 훗날 캔터베리 대주교가 되는 '휘트기프트'[102] 로부터 많은 배움을 얻게 된다.

99) '천동설天動說'은 지구가 우주의 중심이며 모든 천체가 지구 주위를 돈다는 학설이다. 지구 중심설(地球中心說, Geocentrism)이라고도 불리는 이 우주론은 크게 나누어, 에우독소스(기원전 4세기의 고대 그리스의 수학자, 천문학자로 플라톤의 제자)가 고안하고 아리스토텔레스의 철학 체계에 받아들여진 '동심천구가설'과 프톨레마이오스 '천동설'의 두 종류가 있다. 단순히 천동설이라고 하면 마지막으로 체계를 완성시킨 프톨레마이오스의 천동설을 가리키는 경우가 많다.

100) '코페르니쿠스의 전환': '코페르니쿠스'는 오래 전에 확립된 '프톨레미(Claudius Ptolemy, 100년~170년. 라틴 식으로 부를 때는 프톨레마이오스로도 불린다.)'의 천동설天動說을 있는 그대로 믿지 않았다. 그는 눈보다 과학이 더 정확하다고 믿었으며 태양을 중심으로 발상을 전환할 경우 '눈에는 차지 않더라도' 과학적으로는 완벽하게 설명할 수 있다는 사실을 깨달았다. 이것 자체가 매우 혁명적인 발상의 전환이다. 단순히 어떠한 지식을 발견한 것이 아니라 오래된 인식의 틀, 즉 패러다임(Paradigm)을 바꾼 것이기 때문에 우리는 이런 전환을 '코페르니쿠스적 전환'이라 부르고 천문학을 넘어 전체 학문과 사상에서 획기적인 전환에 이 말을 쓰고 있다.

101) '프랜시스 베이컨'(Francis Bacon, 1561년~1626년): 잉글랜드의 철학자이자 정치인이다. 잉글랜드 경험론의 시조이며, 데카르트와 함께 근대 철학의 개척자로 평가받는다. '아는 것이 힘이다'(scientia est potentia)라는 말로 잘 알려져 있다. 흔히 베룰럼 경(Lord Verulam)으로도 불린다.

102) John Whitgift(1530년~1604년): 케임브리지 대학 교수이자 캔터베리 대주교.

23세의 '베이컨'은 집안의 후광에 힘입어 의회에 진출한다. 그 후 약간의 어려움이 있었지만 1618년, 57세 때 대법관이 되는 등 출세가도를 달리게 된다.

'베이컨'은 이러한 정치적 역정보다는 과학적 성향을 가진 철학자로 우리에게 잘 알려져 있다. 특히 그가 강조한 '귀납법'은 '연역법'[103] 과 반대에 있는 것으로서 서양 근대를 대표하는 논증 방법이다.

(1) 『노붐 오르가눔』Novum Organum Scientiarum

'베이컨'이 1620년에 펴낸 이 책의 제목은 라틴어로 되어 있는데, 영어로 번역하면 『A New Organ of the Sciences』과학의 신기관가 된다. 그런데 사실 이 『노붐 오르가눔』은 '아리스토텔레스'가 논리와 추론 방법에 대하여 저술한 『Organon』오르가논-'기관'이라는 뜻[104] 에 대한 반론으로, 자신의 '새로운 방법'[105] 을 강조

103) '연역법': '연역적추론演繹的推論'(Deductive reasoning)은 이미 알고 있는 판단(구체적 증거에 근거하여 평가하는)을 근거로 하여 새로운 판단을 유도하는 논리적 추론의 한 방법.

104) 『Organon』(오르가논): 6세기부터 아리스토텔레스의 논리학 저작 전체를 이 이름으로 불렀다. 학문의 실질적인 부분이 아니라 그 도구로서의 의미가 강하다. 『범주론』(라틴어: Categoriae), 『명제론』(라틴어: De Interpretatione), 『분석론전서』(라틴어: Analytica Priora), 『분석론후서』(라틴어: Analytica Posteriora), 『변증론』(라틴어: Topica), 『궤변론』(라틴어: De Sophisticis Elenchis) 모두를 합쳐서 『오르가논』이라고 부른다.

105) 새로운 방법: '귀납 추론'(Induction)을 말하는데 '귀납 추론'이란 개별 사실이나 현상에 포함된 사실을 바탕으로 결론을 이끌어내는 방법, 즉 보편성에서 구체성을

하기 위해 지어낸 제목이다.[106)]

'베이컨'은 '아리스토텔레스'에 대해서는 반대의 태도를 보이면서 평가 절하한 반면 '데모크리토스'[107)]는 높게 평가했다.

『노붐 오르가눔』은 전체 6부작으로 된 『Instauratio Magna』대혁신이라는 제목 아래에 있는 제2부에 해당한다. 하지만 '베이컨'이 급작스럽게 죽는 바람에 『대혁신』은 미완성이라 출판되지 못했지만 『노붐 오르가눔』 이미 '베이컨'이 살았을 때 두 권 분량으로 별도 출판되었다.

그러면 '귀납법'이란 무엇인가?

'베이컨'에 따르면 진리에 이르기 위해서는 세 가지 단계를 거쳐야 한다고 했다.[108)]

첫째 편견 없는 자료수집관찰, 실험이 중요하다.
둘째 수집된 자료로부터 사실들을 추출하고 다시 사실에서

유도하는 추론 형식 · 추리 방법을 말한다.

106) 『과학에는 뭔가 특별한 것이 있다』 김영사. 장대익 지음. 2008. 45쪽.

107) '데모크리토스'(Democritus, 460년경~380년경 B.C.): 고대 그리스의 철학자. 원자론의 창시자로 널리 알려져 있다.

108) 앞의 책, 47쪽.

공통점을 발견한다. 그 공통점을 기초로 하여 일반화를 시도하고 가설을 세운다. 예를 들어보자.

- 나무도 영양분이 필요하다.(사실 1)
- 다람쥐도 영양분이 필요하다.(사실 2)
- 사람도 영양분이 필요하다.(사실 3)
- 공통점 및 일반화: 생명체는 영양분이 필요하다.
- 가설 획득: 모든 생명체는 영양분이 필요하다.

셋째 획득된 가설로부터 새로운 관찰, 실험 결과들을 이끌어낸 뒤, 실제 경험 자료와 비교해서 가설을 정당화 하는 방법이 귀납법이다.(실험-경험을 통해서)

(2) '우상론'

『노붐 오르가눔』 제1권에 등장하는 것이 우리에게 너무나 유명한 '우상론'偶像論, A theory of idola이다.[109)]

109) 『노붐 오르가눔』 제1권은 《자연과 인간의 해석에 대한 금언집》이다. 베이컨은 당시 자연철학, 삼단 논법에 의한 연역적 추론을 비판한다. 삼단 논법에 의한 연역적 추론은 자연철학의 진리를 밝혀내는 데 있어서 매우 부적합하다고 서술하고 있다. 『NOVUM ORGANUM』 BY LORD BACON, EDITED BY JOSEPH DEVEY, M.A. 2014. 10쪽. 제1권 APHORISMS—BOOK I ON THE INTERPRETATION OF NATURE AND THE EMPIRE OF MAN, XXXIX.(39) Four species of idols beset the human mind, to which (for distinction's sake) we have assigned names, calling the **first 'Idols of the Tribe', the second 'Idols of the Den', the third 'Idols of the Market', the fourth 'Idols of the Theatre'**

'베이컨'은 인간의 지성이 진리에 접근하는 것을 방해하는 편견을 '우상'이라 칭하고 4개 유형으로 분류하였다.

＊종족의 우상 Idols of the Tribe 라틴어: Idola tribus

종족의 우상은 사람이기 때문에 가지는 감정이나 의지, 그리고 착각을 통해 생겨난 편견이다. 사물을 의인화하거나, 본질을 규명하는 대신 외적 현상에 얽매이는 것이다.[110] 종족의 우상의 대표적 예는 다음과 같다.

"봄이 되니 새들이 노래한다."

"산길을 걸으니 봄꽃들이 나를 반겨준다."

여기서 새들이 사람처럼 노래를 하고, 역시 꽃들이 사람처럼 나를 반겨주는 것이라고 생각하는 것이 종족의 우상이다.

＊동굴의 우상 Idols of the Den[111] 라틴어: Idola specus

개인이 가진 오류와 편견이다. 개인의 느낌이나 여러 가지 환경적 영향 탓에 사물의 진실된 모습을 파악할 수 없는 우상을

110) 『서양근대철학』 서양근대철학회 엮음, 창작과 비평사, 2001, 32–38쪽.

111) 'Den'은 야생 동물이 사는 굴. Cave 보다는 규모가 작은 은신처 정도의 규모가 작은 동굴.

말한다.[112] 즉, 남녀의 차이, 학력차이, 관심의 차이, 성장 환경의 차이, 취향의 차이에서 오는 오류와 편견을 말한다. 동굴의 우상을 나타내는 대표적인 말은 '우물 안 개구리'이다.

＊시장의 우상 Idols of the Market 라틴어: Idola fori

상호간의 접촉과 교제를 통해 만든 편견이다. 의사소통 속에서 주고받는 언어가 혼란을 일으키는 경우로 경솔하게 확신하도록 만드는 우상이다.[113] 스스로 직접 관찰과 경험없이 다른 사람들의 말만을 믿고 그럴 것이라고 착각하는 오류와 편견이다.

＊극장의 우상 Idols of the Theatre 라틴어:Idola theatri

'권위'나 '전통'의 숭상에서 비롯된 우상으로 맹목적이고 순종적인 특성의 오류이다.[114] 이는 눈에 보이는 겉만 보고, 내용에 대한 검토와 의심은 하지 않는 편견이다. 대표적인 극장의 우상으로 볼 수 있는 것은 우리나라의 '학벌'에 대한 편견이다. 즉 출신 학교만으로 그 사람의 배경과 사람의 됨됨이까지 파악해 버리는 오류가 대표적이다.

112) 『서양근세철학』 강대석 씀, 서광사, 1987. 43-56쪽.
113) 앞의 책, 52쪽.
114) 앞의 책, 53쪽.

3) '르네 데카르트'[115]

'데카르트'는 1596년 프랑스 중부 투렌 지방의 라에에서La Haye, 지금 이 도시는 '데카르트' 시로 이름을 바꾸었다. 태어났다. 11세가 되던 1604년에 '데카르트'는 앙리 4세가 세운 '라 플레슈'La Fleche의 예수회 학교에서 1612년까지 수학과 논리학 그리고 철학을 배웠고 마지막 3년 동안은 주로 '아리스토텔레스' 철학변증론, 자연철학, 형이상학 등을 배웠다. '라 플레슈'를 졸업하고서 아버지의 뜻을 따라 '푸아티에' 대학 법학과에 입학하여 법학과 철학 등 다양한 학문을 습득하게 된다.

대학을 졸업한 1618년 에스파냐에 대항하는 동맹국인 네덜란드로 가서 군대에 입대하고 그 이듬해엔 국왕에 대항하여 가톨릭 계통의 '바바리아 맥시밀리안 공'이 만든 군대로 들어갔으며 그 후 그는 가톨릭 황제 '페르디난트 2세'의 군대에 옮겨 프라하 전투에 참전하였다.

1628년 말 네덜란드로 돌아와 다시 은둔생활을 시작했는데 이후 1649년까지 이곳을 떠나지 않았다. 이 기간은 '데카르트'의 생애에서 가장 중요한 저술 기간이었다.

115) 르네 데카르트(Rene Descartes, 1596년~1650년)

'데카르트'는 1649년 스웨덴 여왕 '크리스티나'의 초청을 받아 그녀의 개인교수가 되었는데, 여왕은 정신이 맑은 이른 새벽에 훌륭한 철학을 배우겠다는 요청을 했고, 이것은 '데카르트'의 건강을 악화시켜 결국 1650년 54세의 나이로 스웨덴에서 세상을 떠나게 했다.[116)]

(1) 『방법서설』[117)]

『방법서설』 1부 Various considerations touching the Sciences학문에 대한 다양한 접근, 혹은 고찰[118)]는 방법의 중요성, 책의 내용이 우화의 형식을 빌어 작성된 이유, 그리고 대학에서의 학문을 뒤로 한 채 세상을 통해 진리를 얻으려 향한 이유로 구성되어 있다. '데카르트'는 기본적으로 참과 거짓을 식별하는 '양식'bon sens[119)]과 같은 능력이 모든 인간에게 동일하게 주어져 있다는 전제하에 논의를 전개한다.

116) 『Descartes: a biography』 Clarke, Desmond M. New York: Cambridge University Press, 2006. 37쪽~120쪽 참조.

117) '데카르트'의 『방법서설』(Discourse on the Method, 완전한 제목 Discours de la méthode pour bien conduire sa raison, et chercher la verité dans les sciences: 이성을 올바르게 이끌어, 여러 가지 학문에서 진리를 구하기 위한 방법의 서설)은 전체 6부로 구성되어 있다.

118) 『방법서설』 Rene Descartes, 소두영 역, 동서문화사, 2016. 37쪽.

119) 'bon sens'(프랑스어): '양식良識', 영어의 'Common sense'(상식)와 비슷한 말로써 '상황이나 사실에 대한 단순한 인식에 기초한 건전하고 신중한 판단'이라고 풀이 된다. (Merriam-Webster 11판, 2015.)

2부 The principal rules of the Method which the Author has discovered데카르트가 찾아낸 학문 방법의 주요 규칙에서,

'데카르트'가 찾아 낸 방법의 규칙은 네 가지가 있다.

첫 번째, 결코 진리라고 명확하게 증명되지 않은 것은 그 어떤 것이라도 진리로 받아들이지 말라는 것이다. 이 규칙에서 가장 중요한 것은 '명증'명확한 증명과 '판명'그로부터 확연히 구분되는 이다.

'명증'은 간접적인 추리에 의하지 않고 직관적으로 진리임을 인지할 수 있는 것을 말한다. 즉 직관적으로 진리임을 인지할 수 없거나, 그것이 진리라는 명백한 증거가 없다면 진리가 아닌 것이다. 직관적으로 진리임을 알기 위한 선결요건은 진리는 언제 어디서나 불변하는 동일성을 가져야 한다는 것이다. 즉 진리의 동일성이 내포되어 있어야만 '명증'이라고 볼 수 있다는 것이다. '판명'은 분명하고 명확하게 나눌 수 있다는 의미를 갖는다. 명확하게 나눠지지 않는 애매모호한 것들은 진리로 받아들일 수 없는 것이다.

두 번째, 검토 대상인 각각의 명제를 더욱 잘 해결하기 위해 가능한 한 잘게, 필요한 만큼 나누라는 것이다. 어떤 대상을 이

해하기 위해서는 가장 작은 부분으로 나누어서 검토해야 한다는 뜻이다. 마치 화학에서 가장 작은 부분인 원자로부터 검토를 시작하는 것과 같다.

세 번째, 생각을 질서 있게 '인도'하라는 것이다. 즉 가장 단순하고 인식하기 쉬운 대상에서 시작하여 점진적으로 가장 복합적인 것들에 관한 인식에 도달하고, 또 자연적으로는 서로서로 전혀 앞선다거나 뒤선다거나 하지 않는 것들 일지라도, 그것들에게마저 역시 이러한 선후 질서를 상정하라는 것이다. 여기서 '데카르트'의 '합리론', 즉 '연역적 방법론'이 등장하게 된다. 계단을 오르듯이 이어지는 논리 증명의 방법은 이후 서양 세계의 학문 발전에 지대한 공헌을 하게 된다.

네 번째, 하나도 빠트리지 않았다고 확신할 수 있을 정도로 아주 완전하게 열거하고, 일반화될 때까지 지속적으로 검토하라는 것이다. 완전한 열거와 검토만이 체계적이고 신뢰할 수 있는 지식의 세계에 도달 가능하게 한다는 의미이다.

3부 Morals and Maxims accepted while conducting the Method적용된 방법으로부터 용인되는 도덕 규칙[120)]

120) 『방법서설』 Rene Descartes, 소두영 역, 동서문화사, 2016. 41~44쪽.

여기서는 '데카르트'가 만든 네 가지의 '격률'Rules of morality에 대해서 소개한다. '격률'이란 현실적 삶을 살아가는 수단으로써의 도덕적 규범을 뜻한다.

첫 번째, 내 조국의 법과 관습에 복종하라는 것이다. 즉 신앙의 문제에서는 신의 은총 덕택으로 내가 어릴 적부터 배워온 종교에 한결같이 충성을 다해야 하고, 다른 삶의 문제에 있어서는 나와 함께 살아가는 사람들 중 가장 좋은 판단력을 갖춘 사람들이 통상적으로 받아들이고 실행하는 가장 온건하고 가장 덜 극단적인 의견을 따르라는 것이다.

두 번째, 가능한 단호하게 행동또는 판단하고, 만약 가장 의심스러운 의견일지라도 일단 따르기로 결정된 다음에는 어떤 의심도 없이 한결같이 따르라는 것이다.

세 번째, 언제나 운명에 따르기 보다는 자신을 정복하고자 하며, 세상의 질서를 변화시키기보다는 스스로의 욕구를 변화시키라는 것이다. 이것은 '데카르트'가 당시 상황에서 얻은 처세의 방법으로 보인다. 마치 '장자'가 난세를 극복하는 방법으로 자신의 내부로 방향을 돌려 '소요유逍遙遊'의 방법적 논의를 했던 것처럼 '데카르트'도 엄청난 외부 세계의 격동을 애써 외면한 채 자신의 내부로 방향을 돌리고자 했던 것인지도 모른다.

네 번째, 가장 좋은 직업을 택하기 위해 인간이 이 세상에서 가질 수 있는 온갖 직업을 한번 훑어보라고 충고한다.

4부 Proof of God and the Soul신과 영혼의 증명

'데카르트'는 다음과 같이 말한다. "나는 이제 오직 진리 탐구에 전념하려고 하므로, 앞에서 했던 것과는 반대로 조금이라도 의심할 수 있는 것은 모두 전적으로 거짓된 것으로 간주하여 던져 버리고, 이렇게 한 후에도 전혀 의심할 수 없는 것이 내 신념 속에 남아 있는지를 살펴보아야 한다고 생각했다." 이것이 바로 '방법적 회의'프랑스어Doute cartésie 즉, "나는 생각한다. 고로 나는 존재한다."프랑스어 'Je pense, donc je suis', 라틴어 'Cogito, ergo sum'의 출발이다.

5부 Physics, the heart, and the soul of man and animals물리학, 심장, 그리고 인간과 동물의 영혼

'데카르트'는 자연현상의 원인과 그 과정, 그리고 인간과 동물의 영혼 등에 대해 기독교적 사고에 입각하여 설명하고 있다. 하지만 성서적 신비주의에 입각한 설명이 아니라 과학적 합리적 체계에 의한 설명으로서 다양한 증명과 증거를 제시하고 있다.

6부 He explains that for these reasons he has been slow to publish천천히 출판된 이유를 설명함로 되어 있다.

'데카르트'는 이 책을 쓰면서 자신의 정신으로부터 비롯된 이러한 논리를 대단한 것이라고 생각하지 않았다. 다만 자연에 관한 몇 가지 일반적 원리를 획득하고 그것들을 면밀하게 검토한 결과 그것들을 자신 속에 숨겨둘 수 없고, 만일 숨겨둔다면 격률을 어기는 것이라고 생각하였다.

만약 자신의 단명이나 다양한 실험의 부족에 의하여 방해를 받는다면 비록 '데카르트' 자신이 발견한 내용이 극히 적을지라도 그 전부를 충실하게 대중에게 알리고, 우수한 사람들로 하여금 더욱 연구하게 하여 많은 사람들의 업적을 누적함으로써 각자가 따로따로 나아가는 것보다 훨씬 더 멀리 함께 나아갈 수 있을 것이라고 그는 판단하였다.

실험에 관하여 그가 지킨 원칙은 다음과 같다.

첫째로, 그는 세계 안에 있는 혹은 있을 수 있는 모든 것의 원리들 중 가장 선험적인 원리를 찾으려 하였고, 그렇게 하기 위하여 하느님을 중심으로 고찰하여 우리의 마음속에 본래부터 있는 진리의 씨앗으로부터만 끌어내려고 노력했다종교적 태도.

둘째로, 그는 그 원인들로부터 끌어낼 수 있는 결과가 무엇인가를 면밀하게 살펴보았다. 하늘, 별, 빛, 지구 등의 대상은 그 결과였고, 좀 더 특수한 것으로부터 시작하려고 했을 때는 갖가지 특수한 실험들이 요구되었다과학적 태도.

셋째로, 모든 대상에로 자신의 정신을 돌이켜 다시 훑어보았는데, 그는 발견한 여러 원리를 가지고서도 매우 어려운 작업이었다고 고백한다반성적 태도.

『방법서설』은 근대철학의 시작점에 위치한다. 고대 철학이 자연에 존재하는 개별의 사건들 이면의 법칙을 탐구하는 방식이었다면 '데카르트'의 철학은 그 개별 사건들이 가지고 있는 법칙들이 어떤 방식으로 관계하고 있는가를 탐구하려는, 즉 '회의'의심와 '반성', '적용'과 '탐구'의 과정을 통해 진리에 다가서고자 하는 것이었다. 이것은 기존의 생각을 근본적으로 바꾸는 획기적이고 기념비적인 시도였다.

또한 수학에서 지금도 사용되는 '직교좌표' 등은 '해석기하학'의 시초가 되어, 향후 '미적분'으로 발전할 수 있는 토대를 마련했다. 그리고 '동물 기계론'은 '행동 심리학', '인지 발달 심리학'에 영향을 주었고 이것은 근세 자연과학적 방법론의 기초가 되었다.

'데카르트' 당대에만 해도 아직까지 '스콜라 철학'이 지배적이었다. 따라서 '데카르트'가 추구하고자 하는 이성에 의한 반성적, 논증적 사고는 매우 위험한 학문 방법이거나 혹은 가치 없는 것으로 인식되었다.

(2) '데카르트주의'Cartesianism

'데카르트주의'란 '데카르트'가 제안한 철학적 · 과학적 사상을 발전 및 계승하려는 17세기의 사상가들이 가졌던 생각을 말한다. 대표적인 '데카르트주의자'로는 '니콜라 말브랑슈'[121] 및 '바뤼흐 스피노자'[122]가 있다.

'데카르트주의'의 핵심을 우리는 '방법적 회의'Cartesian doubt라고 부른다.

'회의론'Skepticism[123]의 유래는 깊다. 철학에서 '회의론'은 다음과 같은 방법[124]으로 진리를 탐구한다.

121) '니콜라 말브랑슈'(Nicolas Malebranche, 1638년~1715년): 프랑스 출신의 신학자, 철학자이다. 데카르트가 해결하지 못한 문제(이원론에 입각한 몸과 마음의 연결)를 해결하기 위해 기회원인론(Occasionalism)을 제안하였다.

122) '바뤼흐 스피노자'(Baruch Spinoza, 1632년~1675년): 포르투갈계 네덜란드 출신의 철학자. 이 책 104쪽 참조.

123) 보통의 '회의론(주의)'란 다음을 뜻한다. 1. 일반적으로 또는 특정한 주제의 확실성에 대하여 의심하는 태도. 2. 진정한 지식 또는 특정한 지식은 불확실하다고 생각하는 것. 3. 보류된 판단, 체계화된 의심 또는 비판의 방법. (Merriam-Webster 11판, 2015.)

124) 『The Oxford Handbook of Skepticism』 Greco, John. Oxford University Press.

- ▶ 첫째 어떤 지식을 얻기 위한 의문을 가진다.
- ▶ 둘째 체계적인 의문 또는 지속적인 시험을 통하여 지식을 얻는다.
- ▶ 셋째 그 지식에 독단적이고 상대적이며 주관적인 윤리적 가치를 적용시킨다.
- ▶ 넷째 그렇게 해서 도출된 지식의 한계를 확인하다.
- ▶ 다섯째 진행과정에서 보류된 판단의 방법을 적용하고 오류를 발견한다.

'변증'의 과정과 유사하다. 하지만 '변증'은 '회의'의 단계에서 한 단계를 넘어 새로운 단계로 나아가는 것까지 포함한다. '회의'의 방법을 사용하지만 결코 '회의'에 머무르지 않고 새로운 '통합'을 시도하는 것이 '변증'이다. '데카르트'와 '데카르트주의' 또는 '회의주의'는 변증의 세계로 나아가는 직전 단계임을 우리는 알 수 있다.

4) '바뤼흐 스피노자'[125)]

1632년 유대계 상인인 아버지 '미겔 디 이스피노자Miguel de

2005. 3~7쪽.

125) 바뤼흐 스피노자(Baruch Spinoza, 1632년~1675년): 네덜란드 암스테르담에서 태어난 포르투갈계 유대인 혈통의 철학자이다. 스피노자가 쓴 저작의 과학적 태도와 포괄성, 철학사적 중요성은 스피노자 사후 오랜 세월 동안 제대로 인정받지 못했으나 오늘날 스피노자는 18세기 계몽주의와 근대 성서 비판의 토대를 놓은 유럽 17세기 철학의 합리주의자 세 거두 가운데 한 사람으로 인정받는다.

Espinoza'와 어머니 '아나 데보라Ana Débora' 사이에서 네덜란드 암스테르담 근교 요덴뷔어트에서 태어났다. 부모는 포르투갈에서 가톨릭 교회의 종교 재판[126]과 유대인 탄압을 피해그의 친할머니는 종교재판에서 마녀로 몰려 화형을 당했다. 망명한 사람들이다. 부모는 유대 전통에 따라 암스테르담의 유대인 회의 출생 기록부에 '바뤼흐 스피노자Baruch Spinoza'라는 이름으로 그를 올렸다. 하지만 이후에 '스피노자' 자신은 라틴어 이름 '베네딕투스'를 즐겨 썼다. 스피노자는 5세 때에 유대인회 '에츠하임'[127]에 등록되어 탈무드 학교의 랍비 '모르테이라'[128] 밑에서 유대 철학과 신학을 전수 받은 것으로 알려져 있다. 1654년 아버지가 사망하자 21세의 스피노자는 아버지가 경영하던 수입 상품점을 물려받았다.

스피노자는 유대 공동체 학교인 '시나고그'[129]에서 전통적인 유대식 교육을 받았고, 율법학자랍비가 될 것이라고 촉망받았으나, 라틴어를 배우고 그리스 철학 및 아랍 철학을 접하면서 점점 유대교의 교의教義에 만족하지 않게 된다. 이후 '르네상스',

126) '로욜라'의 반종교개혁으로 스페인, 포르투갈에서는 이전 시대의 유물이었던 '종교재판'이 자주 열렸다.

127) '에츠하임': 히브리어로 생명나무라는 의미. 유대인 공동체 이름.

128) '사울 레비 모르테이라'(Saul Levi Morteira, 1596년경~1660년경) 포르투갈 이민자 출신의 네덜란드 유대계 랍비.

129) '시나고그(Synagogue)'라는 말은 그리스어로 '만남의 장소(a place of meeting)'란 뜻을 가진 히브리어 'Bet Hakeneset'의 번역어이다.

'데카르트' 등의 사상에 영향을 받아 1651년경부터 독자적인 사상을 갖게 되고 유대교에 대한 비판과 신을 모독했다는 구실로 가혹한 탄압을 받고 추방되었으며 1660년경엔 유대교 공동체로부터 파문[130] 선고를 받는다.

단순한 삶을 추구했던 스피노자는 광학에 많은 관심을 가져 하위헌스 형제[131]와 함께 현미경과 망원경 렌즈를 디자인하기도 했다. 이것은 그의 생업이 되었고 이러한 노동으로 생계를 유지하는 가운데서도 그는 일생 동안 어떤 보상과 명예도 거절하는 독자적인 삶을 유지하였다. 예를 들면 당시 독일 최고의 하이델베르크 대학으로부터 초빙[132]을 받았으나 자유로운 철학 활동을 보장하지 않는 곳에서는 재직할 이유가 없다면서 이를 단호히 거부하는 등 철학자로서 교훈이 되는 여러 일화를 남겼다. 이런 이유로 해서 '들뢰즈'는 그를 '철학의 왕자'라고 칭했다.[133] 렌즈 갈이의 여파인지 정확하게 알 수 없으나 폐질환으

130) 파문(破門, Excommunication)은 로마 가톨릭교회에서 교리나 윤리 상 중대한 잘못을 저지른 교인을 공동체로부터 축출(쫓아내는)하는 조치. 스피노자는 유대교 공동체로부터 쫓겨난 것이다.

131) '하위헌스 형제': 'Constantijn Huygens'와 'Christiaan Huygens'를 말하는데 이 둘은 당시 네덜란드의 귀족으로서 '콘스탄틴'이 형이고 '크리스티안'이 동생이다. 형은 시인이자 정치가이며 동시에 광학 연구 과학자였고, 동생은 수학자이자 물리학자 그리고 천문학자였으며 17세기 과학혁명의 중요한 인물로 평가 받고 있다.

132) 『SPINOZA A Life』 By Steven Nadler. New York: Cambridge University Press. 1999. 311쪽.

133) '질 들뢰즈'(Gilles Deleuze, 1925년~1995년): 스피노자를 철학사에서 가장 중요한 철학자들 가운데 하나로 언급하면서 스피노자를 "철학자들의 군주", "철학자들의

로 44세에 죽게 된다.

그의 학설은 방법론에 있어서는 기하학적인 입장을 취하고, 세계관에 있어서는 무신론적 성향이 강한 '일원론적 범신론'[134] 이었다. 독일 관념론에 큰 영향을 끼쳤고, 계몽주의, 사회주의자들에게도 많은 영향을 주었다. 반면 유신론자들에게는 '신을 모독한 저주받을 무신론자'로 비난도 받아야 했다.[135]

(1) 『**에티카**』

정식 명칭은 『Ethica in Ordine Geometrico Demonstrata』기하학적 순서로 증명된 윤리학이다. 제목이 말해 주듯 수학적 논리로 사물의 실체와 존재에 대해 이야기하고 있다. 단순히 논리적으로 글을 적는 것이 아니라 수학적인 증명 과정과 같은 기하학적인 질서를 통해서 극복하고자 하였다.

'스피노자'의 윤리학은 전적으로 기하학적 용어들로 사유하고 있으며, 전체 5부로 나누어진 『에티카』에서 수학적 증명 방

그리스도", "철학자들 가운데 가장 철학자다운 철학자"로 표현했다. (들뢰즈와 스피노자: 『무한의 사유』박기순, 홍익대학교, 2020.)

134) 범신론(汎神論, Pantheism)에서 신神은 세계와 별개로 존재하는 인격신이 아니라 우주, 세계, 자연의 모든 것, 또는 자연법칙 자체를 신이라 하거나, 또는 세계 속에 하나의 신이 내재되어 있다는 철학, 종교관, 세계관이다.

135) 『SPINOZA A Life』. By Steven Nadler. New York: Cambridge University Press. 1999. 286쪽.

법을 통해서 결론으로 나아간다. '스피노자'에게는 인간의 본성, 인간의 행위 그리고 인간의 운명도 똑같이 중요한 문제였다. 그리고 이 문제들도 기하학적 방식으로 다룰 수 있으며, 거기서 도출되는 해답은 수학의 기본 법칙과 같은 '확실성'과 '필연성' 그리고 '보편성'을 가질 것이라고 그는 믿었다.[136)]

'스피노자'는 『에티카』를 서술함에 있어 '정의'定義, Definition, '공리'公理, Axiom, '공준公準, Postulate, '정리'定理, Proposition보충학습 자료 등의 기준에 따라 명제를 증명하는 방식을 사용하였다. 『에티카』는 전체 5부로 나누어져 있는데 '제1부 신에 대하여', '제2부 정신의 본성과 기원에 대하여', '제3부 정서의 기원과 본성에 대하여', '제4부 인간의 예속 또는 정서의 힘에 대하여', '제5부 지성의 능력 또는 인간의 자유에 대하여'이다.

136) 『스피노자』 Roger Scruton, 정창호 역, 시공사, 2000. 50~51쪽.

(2)『에티카』에 나타난 변증

스피노자는『에티카』 제1부 '신'에 대하여 첫 부분에서 '존재'에 대해 다음과 같이 설명한다. '존재'하기exist 위해서는 다른 어떤 것에 의존하지 않고 오로지 자기 자신으로부터 존재하여야 한다는 것이다. 이것을 '자기 원인'영어'self-caused', 라틴어 'causa sui'[137] 이라고 부른다. '자기 원인'으로부터 '신'을 증명해 내기 위해 스피노자는 '신'과 '신' 스스로를 대비시켜 '유클리드의 기하학적 방법'[138] 을 동원하여 변증적으로 '신'에게 다가간다. 즉 '신'의 내부에서 '존재'와 '실체'를 증명하고 그 증명을 바탕으로 '신'에게 회귀간다.*제1부 신에 대하여, 3. '나'는, 실체란 자신 안에 있으며 자신에 의하여 생각되는 것이라고 이해한다. 즉 실체는 그것의 개념을 형성하기 위하여 다른 것의 개념을 필요로 하지 않는 것이다.*

하지만 스피노자의 '신'은 우리가 알고 있는 기독교의 '신'이라기 보다는 '자연'이라는 실체에 더 가깝다.*제1부 신에 대하여, 6. '나'는, 신을 절대적으로 무한한 존재, 즉 모든 것이 각각 영원하고 무한한 본질을 표현하는 무한한 속성으로 이루어진 실체로 이해한다.*

137) 그것의 본질이 존재를 포함하는 것, 또는 그것의 본성이 존재한다고 생각할 수밖에 없는 것으로 풀이됨. 개정판『에티카』B. 스피노자, 강영계 역, 서광사, 2018. 19쪽.

138) 유클리드 기하학(幾何學, Euclidean geometry): 고대 그리스의 수학자 에우클레이데스(유클리드)가 구축한 수학 체계로서 유클리드의 방법은 직관적으로 받아들일 수 있는 공리(어떤 이론체계에서 가장 기초적인 근거가 되는 명제命題)를 참으로 간주한다. 이로부터 연역적으로 명제를 이끌어내는 방법.

그리하여 스피노자는 정리定理, Proposition에서 이렇게 말한다. *정리, 11. 신 또는 각각 영원하고도 무한한 본질을 표현하는 무한한 속성으로 이루어진 실체는 필연적으로 존재한다. 14. 신 이외에는 어떠한 실체도 존재할 수 없으며 또한 파악될 수도 없다. 15. 존재하는 모든 것은 신 안에 있으며, 신 없이는 아무 것도 존재할 수도 또 파악될 수도 없다. 19. 신 또는 신의 모든 속성은 영원하다. 왜냐하면 신은 필연적으로 존재하는 실체이기 때문이다. 35. 신의 힘 안에 있는 것으로 우리들이 파악하는 모든 것은 필연적이다.*[139)]

위의 내용을 다음과 같이 정리할 수 있다'신'의 존재.

1. '신'의 **'존재'**-어떤 것에도 의존하지 않고 자기 자신으로부터의 **'존재'**'존재'와 '실체'에 대한 논증
2. 자신의 존재-**'실체'**란 자신 안에 있으며 자신에 의해 생각되는 것이때 자신은 '신'.
3. 무한성과 영원성의 증명-무한한 속성으로 이루어진 **'실체'**.
4. 결론: 무한하고 영원한 신의 **'존재'**.

139) 개정판『에티카』B. 스피노자, 강영계 역, 서광사, 2018. 31~66쪽.

보충학습 자료

-『에티카』에서 사용되는 '정의定義, Definition', '공리公理, Axiom', '공준公準, Postulate', '정리定理, Proposition'의 뜻 -

'정의'定義, Definition는 말이 지니는 의미 내용에 착오가 일어나지 않도록 뚜렷이 정한 절차를 뜻한다. 또, 용어낱말, 구, 기타 상징의 집합의 의미를 설명하는 문장을 뜻하기도 한다. 정의는 정확한 사고의 출발점이기도 하므로, 애매한 말로 정의하거나 여러 뜻으로도 혹은 그와 똑같은 의미의 말을 써서 정의해서도 안 된다.

'공리'公理, Axiom는 어떤 이론체계에서 가장 기초적인 근거가 되는 명제命題이다. 어떤 다른 명제들을 증명하기 위한 전제로 이용되는 가장 기본적인 가정을 가리킨다. 지식이 참된 것이 되기 위해서는 근거가 필요하나 근거를 소급해 보면 더 이상 증명하기가 곤란한 명제에 다다른다. 이것이 바로 공리이다. 참고로 증명이 필요한 명제 중 증명이 완료된 명제를 정리定理, Proposition라고 한다. 형식 체계에 관한 논의를 위한 전제로 주어진 공리들의 집합을 '공리계公理系'라고 부른다. 한편, 공리를 그 전제로 시작하여, 연역적 수단에 의해 유도되는 명제는 정리定理라고 한다.

'공리' 또는 **'공준'**公準, Postulate이라는 용어도 사용되며, 이 두 단어를 같은 의미로 쓰는 경우도 있으나, '공리'가 여러 학문적 영역에서 공통으로 적용될 수 있는 분명한 가정이라면 '공준'은 각 영역별로 분명하게 받아들여질 수 있는 혹은 받아들여지는 가정을 일컫는다.

'정리'定理, Proposition는 논리학적으로 뜻이 분명한 문장을 말한다. 즉, 어떤 말을 처음 본 순간 '참' 혹은 '거짓'을 단번에 알 수 있는 말을 말한다.

2. 근대의 확장

18세기 서양 철학은 '베이컨'으로부터 시작된 '경험론'이 지배했다. '베이컨'을 계승한 '경험론'은 '로크'[140), '버클리'[141), '흄'[142)에 의해서 발전하게 된다.

1) '경험론'과 '합리론' 경험주의와 이성주의

'경험론'은 말 그대로 경험을 통해서만 지식을 얻을 수 있다는 이야기로서 '베이컨'의 유명한 '아는 것이 힘이다.'[143) 라는 말로 대표된다. 즉 이 말은 '경험주의'의 대표적 명제에 속한다. 한편 이 말은 '데카르트'의 유명한 말, "나는 생각한다. 고로 나

140) 존 로크(John Locke, 1632년~1704년): 잉글랜드의 철학자이자 정치사상가. 영국의 첫 경험론 철학자라는 평가와 함께 그가 주장했던 '사회계약론'도 평가를 받고 있다. 그의 저서들은 미국 혁명에 큰 영향을 주었으며(미국 독립 선언문에 반영) 잉글랜드 북쪽의 스코틀랜드 계몽주의 사상가들에게도 영향을 미쳤다.

141) 조지 버클리(George Berkeley, 1685년~1753년): 아일랜드의 철학자이자, 성공회 주교. 버클리 철학의 핵심은 우리가 지각하는 것만이 실체이며, 지각하지 못하는 것의 실체는 없다는, 즉 "존재하는 것은 지각되는 것이다(Esse est percipi)"라는 명제로 요약되는 극단적인 경험론이다.

142) 데이비드 흄(David Hume, 1711년~1776년): 스코틀랜드 출신의 철학자이자 경제학자이며 역사가이다. 스코틀랜드 계몽주의와 경험론을 대표하는 인물이다.

143) '아는 것이 힘이다': 라틴어로는 'scientia potentia est', 영어로는 'knowledge is power'이다. 이 말이 최초로 등장하는 것은 히브리어 성서 잠언서(24:5)이다. 다음으로 '토마스 홉스'의 『레바이어던』(중학교 철학, 김준식 지음, 교육과학사. 2023. 91쪽 이하 참조)에 등장한다. 베이컨이 이 말을 처음 인용한 책은 1597년에 쓰여진 『Meditationes Sacræ. De Hæresibus』(성스러운 명상. 이단의 론에 대해)이며, 1620년에 쓰여진 그의 대표 저서 『노붐 오르가눔』에서 'Scientia et potentia humana in idem coincidunt'(인간의 지식과 힘은 일치한다)라고 쓴 것으로부터 유래한다.

는 존재한다"라틴어Cogito, ergo sum, 프랑스어 Je pense, donc je suis 영어 I think, therefore I am[144] 와는 분명 다른 방향의 생각이었다. '데카르트', 또 이와 같은 생각을 우리는 일반적으로 '이성주의'라 부른다.

'이성주의理性主義'는 말 그대로 이성을 지식의 제일의 근원으로 보는 견해를 말한다. 즉 '이성주의'에서 진리의 기준은 감각적인 것이 아니라 이성적이며 '연역적인 방법론', 또는 이론으로 정의된다. '이성주의'에 입각한 '합리론자'는 우리의 개념과 지식이 감각적 경험에서 독립하여 얻어진다고 주장한다. 반대로 '경험주의'를 바탕으로 하는 '경험론자'는 감각적 경험이야말로 우리의 개념과 지식의 궁극적인 원천이라고 주장한다.[145]

그래서 당연히 '합리론'과 '경험론'은 반대의 입장에 서게 된다. '합리론자'들은 근본적으로 참인 어떤 이성적인 원칙이 논리, 수학, 윤리학, 형이상학에 존재한다고 믿었다. 근대 '합리론'의 대표자는 앞서 이야기했던 '데카르트'와 '스피노자'가 있다.

144) 1637년 발표된 『방법서설』 제4장 첫 문단에 프랑스어로 기록되어 있다.

145) 《Stanford Encyclopedia of Philosophy Archive》 Markie, Peter & Zalta, Edward N., Summer 2015 Edition 참조

이러한 바탕에서 '관념론'이라는 새로운 철학적 사상이 나타나게 된다. '관념론'觀念論, Idealism은 마음, 정신 혹은 관념을 중시하여 그것을 모든 것의 근본으로 보는 철학적 입장을 말한다. '관념론'의 대표자는 당연히 '플라톤'이다. 그가 쓴 국가론은 그때까지 있었던 '관념론'을 정리한 것으로 볼 수 있다.

중세시대에는 '신'을 통해서 진리를 발견할 수 있다고 생각했고 '경험론자'들은 진리는 발견되지는 않지만 다만 지식을 생산하고 구성할 순 있다고 생각했다. 하지만 '합리론자'들은 인간의 이성을 통해서 진리를 발견할 수 있고, 진리를 탐구의 대상이라고 생각했으며 한 걸음 더 나아간 '관념론자'들은 진리를 인간이 생성하고 생산한다고 생각했다.

2) 독일의 '관념론', 그리고 '칸트'[146)]

'칸트'는 『Kritik der reinen Vernunft』순수이성비판, Critique of Pure

146) '이마누엘 칸트'(Immanuel Kant, 1724년~1804년): 독일 관념 철학의 기반을 확립한 프로이센의 철학자이다. 프로이센의 상업도시 쾨니히스베르크(현재의 러시아 칼리닌그라드)에서 수공업자인 아버지 '요한 게오르크 칸트'의 넷째 아들로 태어났다. 그는 일생 동안 그의 고향 쾨니히스베르크를 크게 벗어난 적이 없었다. 쾨니히스베르크 대학에 입학한 칸트는 뉴턴 물리학에 크게 감동하였다.(『순수이성 비판 서문』 임마누엘 칸트 지음, 김석수 옮김, 책세상, 2002, 110~111쪽.) 1781년에 발표한 『순수이성비판』을 시작으로 하여 『실천이성비판』(1788), 그리고 『판단력비판』(1790)에서 그의 비판 철학의 정수를 선보였다. 이러한 학문적 성취에 힘입어 1786년 그는 그가 재직하는 쾨니히스베르크 대학의 총장에 선출되기도 하였다. 칸트는 우리에게 알려진 것처럼 규칙적인 일상생활을 영위하면서 강의와 사유에 전념했다.

Reason의 머리말First and second Prefaces; 초판과 재판의 머리말과 도입부Introduction[147] 에 있는 '지성'과 '경험'직관의 내용을 요약해보면 "직관 없는 지성합리론은 공허하고, 지성 없는 직관경험론은 혼란하다"로 정리될 수 있다.[148] 즉 '직관'과 '지성'을 구별하고 있는 것이다. '직관'을 강조하는 사람은 '경험론'을, '지성'을 강조하는 사람은 '합리론'을 인정한다는 의미이다. 따라서 '칸트'의 철학'관념론'은 '경험론'과 '합리론'을 인정하고 두 입장을 통합을 시도하는 철학이라고 할 수 있다. 이 과정은 변증의 과정으로 이해된다. 하지만 '칸트'의 학문적 바탕은 '합리론'에 가깝다는 것이 일반적이다.[149]

그러한 '칸트'가 '흄'[150] 이 말하는 '경험론'의 일부를 수용하게 된다. '칸트'는 자신이 종교와 자연 철학의 교리를 의심 없이 받아들인 "독단의 잠dogmatic slumber"에서 '흄'이 그를 깨운 공로를 인정했다.[151] 즉 '합리론'적 사고에만 몰입되어 있던 '칸트'에게

147) '순수이성비판'의 머리말(Preface)과 도입부(Introduction) 부분은 매우 길다. 약 70쪽 분량

148) 매우 길게 서술되어 있는데 재판의 머리말, 초판의 들어가는 말 등에 자세하게 기술되어 있다. (『순수이성비판』 임마누엘 칸트 씀, 최재희 역, 박영사, 2021. 재판의 머리말 26쪽 초판의 도입부 45쪽 참조)

149) 『서양철학사』 버트란트 러셀 지음, 서상복 옮김, 을유문화사, 2019, 897쪽.

150) '데이비드 흄'(David Hume, 1711년~1776년) 스코틀랜드 출신의 철학자이자 경제학자이며 역사가.

151) 『Man and His Gods』 Smith, Homer W. New York: Grosset & Dunlap, 1952, 404쪽, "수년 전 처음으로 나의 독단적인 잠을 깨고 사변 철학 분야에 대한 나의 연구에 완전히 다른 방향을 제시한 것은 David Hume에 대한 기억임을 자유롭게 인정합

영국의 경험론 철학자 '흄'은 매우 신선한 충격이었고 동시에 새로운 방향을 제시한 것이다.[152)]

『브리태니커 백과사전』에 있는 '칸트'에 대한 논평에 따르면, "그는 결혼한 적이 없었기 때문에 젊은 시절의 학문적인 연구 습관을 노년기까지 유지하며 살았다."라고 되어 있다. 또 '칸트'는 매우 규칙적인 생활을 했는데, 동네 사람들은 그가 산책하면서 문 앞을 지나갈 때 시간을 맞출 정도였다. 그런데 언젠가 7일 동안 그가 시간표를 지키지 않은 적이 있었는데, 바로 『에밀』[153)] 을 읽고 있던 때였다고 한다.

'칸트'의 가장 중요한 저작은 『순수이성비판』이다. 이 책의 목적은 우리의 지식이 경험을 초월할 수는 없지만 일부는 선험적[154)] 이어서 경험에서 도출되지 않는다는 사실을 입증하는 것이었다.[155)] 『실천이성비판』, 『판단력비판』은 이 책에서는 다루지 않기로 한다.

니다."(『Kant and Hume on Causality』 The Stanford Encyclopedia of Philosophy. Metaphysics Research, Stanford University. 2018.)

152) '흄'은 그의 저서 『A Treatise of Human Nature』(인간 본성에 관한 논고, 1739)에서 인간의 오성, 정념, 도덕에 대해 뉴턴의 자연 탐구 방식에 입각('경험론'적인 방법)하여 설명하고 있다.

153) 『에밀』(Émile, ou De l'éducation)은 '장 자크 루소'가 쓴 교육서이다. '에밀'이라는 가상의 소년을 등장시켜 이상적인 시민을 교육하는 방법을 제시한다.

154) '선험'(A prior)이란 일반적으로 경험의 도움 없이도 알 수 있는 것을 의미한다.

155) 서양철학사, 버트란트 러셀 지음, 서상복 옮김, 을유문화사. 2019. 895쪽.

(1)『순수이성비판』을 통해 본 '칸트'의 생각

'칸트'의 『순수이성비판』은 중학생들에게 매우 어려운 책이다. 따라서 최소한의 내용만을 안내하려고 한다.

'칸트'에 따르면 외부 세계는 우리에게 단지 감각의 재료를 제공하는 원인일 뿐이다. 그러나 우리 자신의 정신 능력은 이러한 재료를 시간과 공간 속에 질서정연하게 배열하여 우리에게 외부세계가 제공한 여러 경험들을 이해하게 만든다.

하지만 우리 감각의 원인들인 '사물들 자체'[156] 는 완전하게 인식될 수 없다. 왜냐하면 '사물들 자체'는 시간이나 공간 속에 존재하지 않기 때문에 '실체'들이 아니며 '칸트'가 '범주'[157] 라고 부른 일반 개념으로도 기술할 수 없기 때문이다. 다만 '시간'과 '공간'은 매우 주관적이며 우리 지각 능력의 일부분일 뿐이다.

이를테면 우리가 언제나 파란색 안경을 끼고 있다면, 우리는

156) '물자체'라고 표현한다. '물자체'(독; Ding an sich, 영; thing-in-itself, Noumenon-누메논)란 칸트 철학의 기본개념으로, 감각의 사용과는 무관한, 즉 독립적으로 알 수 있는 사물 또는 사건을 말한다. 플라톤 철학에 있어 이데아로 표현되는 것이 바로 물자체에 해당한다(『Stanford Encyclopedia of Philosophy』 Metaphysics Research Lab, Stanford University. 2021.)

157) 범주(독일어Categorie): 칸트에 의하면 범주는 지성의 순수 개념이고 동시에 어떤 객체가 가지는 현상의 특질이다. 『순수이성비판』 임마누엘 칸트 씀, 최재희 역, 박영사, 2021, 53쪽.

모든 것이 파랗게 보인다고 확신할 수 있다. 마찬가지로 우리의 마음속에 늘 공간적인 안경을 쓰고 있다면 우리는 항상 모든 대상을 공간 속에 있는 현상으로 보게 된다. 이를테면 '칸트'는 '공간'과 '시간'을 개념적으로 파악한 것이 아니라 '직관'의 형식으로 파악한 것이다.

'시 · 공간'을 '직관'의 형식으로 파악하여 마침내 '합리론'이나 '경험론'이 다가서지 못한 지점에 스스로 이르렀다고 생각한 '칸트'는 순수이성비판 1판의 머리말에서 이렇게 말한다. "나는 해결하지 못했거나 해결을 위한 열쇠가 제공되지 않은 형이상학적문제는 단 하나도 없다고 감히 주장한다."[158] 2판의 머리말에서는 자신을 '코페르니쿠스'와 비교하면서 철학 분야에서 '코페르니쿠스'적 혁명[159]을 일으켰다고 말한다.[160]

158) 『순수이성비판』 임마누엘 칸트 씀, 최재희 역, 박영사, 2021. 초판의 머리말 14쪽.
159) 본서 제 7절 1) 근대의 서막, 가. 니콜라우스 코페르니쿠스 참조.
160) 『순수이성비판』 임마누엘 칸트 씀, 최재희 역, 박영사, 2021. 재판의 머리말 30~31쪽.

(2) **'칸트'의 이율배반**[161] '칸트' 철학에서 변증

『순수이성비판』에서는 네 개의 '이율배반'을 열거하고 있다.[162]

▷ 정립; 세계는 시간적으로 시작을 갖고 있으며 공간적으로 한정되어 있다.

▶ 반정립; 세계는 시간적 공간적으로 무한하다.

▷ 정립; 세계는 단순한 부분원자으로 구성된다.

▶ 반정립; 세계는 무한하게 분할할 수 있다.

▷ 정립; 자연 법칙적인 인과성 외에 자유에 의한 인과성이 존재한다.

▶ 반정립; 자유는 없다. 세계에 있어서 모든 것은 오직 자연 법칙에 의해서만 발생한다.

▷ 정립; 세계에는 절대로 필연적인 존재자가 존재한다.

▶ 반정립; 세계의 내부에나 외부에나 절대로 필연적인 존재자는 존재하지 않는다.

'칸트'는 앞 두 개의 '이율배반'은, '인식'의 이념인 전체 세계가 주어져 있는 것으로 생각하기 때문에 발생하는 것이므로 '정

161) 이율배반(Antinomie): 서로 대립하고 모순되는 두 개의 명제가 동등한 권리를 가지고 주장되는 것으로 '칸트'에 의해서 유명하게 된 용어이다. '칸트'는 이전의 독단적인 형이상학과 같이 순수한 이성만으로 세계 전체에 관한 근본 문제를 해결하고자 하는 경우에 이성이 빠져들 수밖에 없는 자기모순을 '이율배반'이라고 하였다(『순수이성비판』 임마누엘 칸트 씀, 최재희 역, 박영사, 2021. 322~335쪽 참조).

162) 『순수이성비판』, 임마누엘 칸트 씀, 최재희 역, 박영사, 2021. 336~361쪽 참조.

립'이나 '반정립' 모두 거짓이라고 하였지만, 나머지 두 개에 관해서는 '정립', '반정립'을 각각 '물자체'와 '현상'의 세계에 맞춤으로써 '정립', '반정립'이 함께 성립될 수 있다고 하였다. 『순수이성비판』의 이 부분은 '헤겔'[163] 에게 지대한 영향을 주었는데, '헤겔'의 변증법은 전적으로 '이율배반'의 방식으로 진행된다.[164]

3) '헤겔'

(1) **절망의 높이 '헤겔' 철학**

서양의 18세기 말에서 19세기 초는 이른바 '천재의 시대'였다. 기원전 4~5세기의 아테네 시대, 그리고 16~17세기의 르네상스와 과학혁명의 시대 이후로 새로운 '천재의 시대'를 맞이하면서 인류의 정신문화가 한껏 높아져서 정신의 고원으로 향하던 시대였다.

163) G. W. F. 헤겔 (Georg Wilhelm Friedrich Hegel 1770년~1831년): 궁정 관리의 장남으로 태어나 일곱 살에 김나지움에 입학. 열 여덟에 김나지움을 우수한 성적으로 졸업하고 튀빙겐 신학교에 들어갔으나 따분한 그리스도교 정통파의 교리 강의와 강압적인 생활 방식에 싫증이 나 철학에 관심을 가지기 시작한다. 특히 열아홉에 발발한 프랑스 혁명은 그가 이성과 자유에 대한 굳건한 믿음에 바탕을 둔 철학을 자신의 과제로 삼는 데 하나의 단초가 된다. 서른 한 살에 그의 학문을 꽃 피운 예나 대학에 입성해 그의 대저작들의 기점인 〈피히테와 셸링의 철학 체계의 차이〉라는 논문을 발표한다. 여기에서 그는 관념론 논쟁을 본격적으로 다루면서 자신의 철학의 기본 방향을 제시한다. 1807년 『정신현상학(Phänomenologie des Geistes7)』을 발표한다. 마흔 여섯에 하이델베르크 대학의 정교수가 된다.

164) 『서양철학사』, 버트란트 러셀 지음, 서상복 옮김, 을유문화사. 2019. 898쪽.

역설적으로 '천재의 시대'는 유럽에서 가장 낙후된 지역 가운데 하나였던 독일이 중심이었다. '칸트'로부터 '헤겔'에 이르는 여러 인물들이 천재의 시대를 빛낸 봉우리들이었다.[165)]

'헤겔'은 '칸트'와 더불어 시작된 독일 철학 사조의 정점에 위치한 철학자이다. '헤겔'은 자주 '칸트'를 비판했지만 '칸트'가 없었다면 자신의 철학 체계를 결코 세울 수 없었을 것이다.

'헤겔'은 청년 시절 신비주의에 매혹되었는데 이후 그의 사상 속에는 신비적 통찰에 의한 내용이 자주 발견된다. 그런 이유인지는 몰라도 '헤겔' 철학은 난해하여 '헤겔'을 포함한 이전 시대의 위대한 철학자들 전부를 통틀어 가장 이해하기 힘든 철학이다.

(2) '헤겔'의 변증법『정신현상학』[166)] 의 내용을 중심으로

'헤겔'에 따르면 변증법은 '유일한 학적 방법론'으로 그의 철학 체계에 형식의 틀을 제공할 뿐만 아니라 내용의 맥을 형성해

165) 『헤겔, 정신의 체계, 자유와 이성의 날개를 활짝 펼치다』 김준수 지음, 한길사, 2015, 28쪽.

166) 『정신현상학』(精神現象學, 독 Phänomenologie des Geistes, 영 The Phenomenology of Spirit 1807): 36세가 된 헤겔은 1806년 10월 13일 프랑스군 점령하의 예나에 입성한 나폴레옹을 보고 세계를 지배하는 개인, 세계정신이라고 표현하면서 이 책을 탈고하였다고 전해진다. 이 책에서 그는 프랑스 혁명으로 세계사의 신시대가 시작되었고 주장한다.

주는 것이었다.[167)]

'헤겔'은 인간 정신의 출발점을 '의식'意識, Consciousness이라고 본다. 이때 '의식'이란 어떤 것을 감지하고 인지하며 이해하는 능력을 뜻한다. 인간의 '의식'이 사물을 이해하기 위해서 제일 먼저 실행하는 일은 '감각'을 통해 일어난다. 그 이유는 '감각'이 가장 먼저 의식 외부의 세계인 대상을 받아들이기 때문이다.

따라서 『정신현상학』은 인간의 '의식'에서 출발하여 '절대지'絕對知, Absolute Knowing에 이르는 과정을 기록한 책이다.

『정신현상학』은 인간이 위대한 정신을 갖게 되기까지 어떤 과정과 경험을 하는가를 다룬다. '헤겔'에 따르면 철학의 과제는 어떻게 인간이 이 위대한 정신을 갖게 되었는지를 밝히는 것이며, 『정신현상학』은 이러한 철학적 과제를 탐구하는 과정을 기록한 것이다. 『정신현상학』이 출판되면서 각 출판 본 마다 다양한 부제를 달았는데[168)] "과학의 체계; 첫 번째 파트; 정신 현상학"System of Science: First Part: The Phenomenology of Spirit 또는 "의식의 경험의 과학"Science of the Experience of Consciousness, "정신의

167) 《헤겔철학에서 모순과 변증법》, 코키토 71, 부산대학교 인문학연구소편, 2012.

168) 『The phenomenology of spirit』 Hegel, Georg Wilhelm Friedrich, Cambridge Hegel Translations. Translated by Pinkard, Terry. Cambridge: Cambridge University Press. 2018. 16쪽.

현상학의 과학"Science of the Phenomenology of Spirit을 서문 앞에 배치하였다. 이는 인간이 세계를 인식하는 능력인 '의식'이 어떻게 성장해 나가는지를『정신현상학』의 전개 과정을 통해 알 수 있다는 뜻으로 해석할 수 있다.

① 생사를 건 인정투쟁

『정신현상학』(B)[169] 자기의식Self-Consciousness에서 가장 중요한 내용은 '인정투쟁'이다. '인정투쟁'이란 자기를 확신하는 자기 의식의 인정은 내가 나를 인정하는 것만이 아니라, 내가 타인에게도 인정받아야 하며, 이러한 인정을 그 타인에게도 똑같이 해 주는 상호 인정의 방식일 수밖에 없는 것인데, 이렇게 서로 다른 인간들 사이의 인정 경험을 헤겔은 '인정 투쟁'이라고 했다.[170]

이 인정투쟁에서 다시 '주인과 노예'독; Herrschaft und Knechtschaft, 영; Mastery and Servitude의 변증법이 등장한다.

169)『정신현상학』의 차례는 (A), (B), (C), (BB), (CC), (DD)의 형식이다.
170)『정신현상학』(청소년 철학창고 38), 헤겔, 김은주, 도서출판 풀빛, 2019. 21쪽, 83쪽.

② '주인'과 '노예'의 변증법[171]

I. '인정 투쟁'의 결과로 맺어진 '주인'과 '노예'

'주인'은 자립적 존재며, '노예'는 '주인'에 복속하는 비 자립적 존재다. '주인'의 자립성은 앞서 설명한 '인정 투쟁'의 결과이기도 하다. '주인'은 생명을 별것이 아닌 것으로 여겨 독립성과 자립성을 '인정 투쟁'을 통해서 성취했다. 비 자립적인 '노예'는 생명을 소중하게 여겼기에 생명을 초월한 '주인'에게 복종한다.

▷ '주인'의 입장에서 '노예'는 자연과 다를 바 없다. '주인'과 '노예'의 관계에서 '주인'의 자립성은 '노예'의 '인정'을 통해 얻어진 것이다. '노예'는 '주인'을 명예로운 자로 '인정'한다. 그 '인정'으로 말미암아 '주인'은 자립적인 자기 의식의 자리를 차지할 뿐만 아니라 비 자립적 자기 의식인 '노예'와 '주종主從'의 관계를 맺는다. '노예'는 이 관계를 승인하면서, '주인'을 '주인'으로, 자신을 '노예'로 '인정'한다.

▷ '노예'는 생명에 집착하기 때문에 현실과 사물에 속박되어 있다. '노예'는 생사를 건 싸움'인정투쟁'에서 현실과 사물에 의한 속박에서 벗어날 수 없었기 때문이다. 반대로 '주인'은 싸움을 치

171) 앞의 책 87~88쪽을 요약함.

르는 가운데 생명을 별것이 아닌 것으로 여기면서 자신을 세계와 분리된 존재라고 생각하였고 자신이 사물들의 세계보다 우위에 있다고 확신한다.

Ⅱ. '주인'은 '노예'의 '노예', '노예'는 '주인'의 '주인'

'주인'은 '노예'에게 사물의 가공을 다 맡기며, 자기의 욕구를 채우려고 한다. 하지만 자연적 사물에 대한 운용방식을 모르는자신이 사물보다 우위에 있다고 생각하여 '주인'은 그것을 마음대로 할 수 없다.

사물은 자기만의 자립적 특징을 갖고 있는 것이다. 감각적 사물은 자연의 산물이기 때문에, 자연의 산물인 사물을 인위적으로 가공한다는 것은 쉬운 일이 아니다. 따라서 '주인'은 사물을 가공하는 일을 '노예'에게 하도록 한다.

이 과정에서 '주인'이 지닌 사물에 지배력, 즉 사물에 대한 자립성이 '노예'에게 부여된다. 이렇게 해서 '주인'은 더 이상 자연의 사물과 관계하지 않게 된다. 마침내 '주인'은 자연 사물과의 관계에서는 비 자립적인 존재가 된다.

'헤겔'은 여기서 중요한 사실에 도달한다. 그것은 바로 '노예'

가 실상 '주인'의 '노예'가 아니라는 사실이다. 엄밀하게 말하자면 '노예'는 인정투쟁에서 패배하여 '노예'의 위치가 되었을 뿐이다. 즉 자연적 상태에 예속된 자연의 '노예'일 뿐이다. 그런데 이러한 자연과 관계하는 자립성은 '주인'으로부터 '양도讓渡'받았기 때문에 이미 전적으로 '노예'에게 있다. 자연을 가공하는 노동의 주체가 '노예'가 된 것이다.

이제 '주인'은 '노예'를 통해야만 '자연'의 사물을 이용할 수 있다. '노예'는 생각한다. "내가 없으면 주인은 이제 아무 것도 할 수 없지 않을까?" 이 생각을 하는 순간 '노예'는 더 이상 '노예'가 아니라 자연적 사물의 이용에 있어서는 '주인'의 '주인'이 되는 순간이다. 반대로 자연적 사물의 이용에 있어서 '주인'은 '노예'의 '노예'가 되고 만 것이다.

보충학습 자료

'즉자 존재an sich sein' 그리고 '대타 존재'anderes sein, '대자 존재für sich sein'

* 헤겔이 주로 사용하는 용어[172)]

'즉자 존재'란 자기 자신 외에 다른 존재와 어떠한 관계나 관련을 맺지 않는 상태로 있는 것이다. 즉 '즉자 존재'는 어떠한 인위적 작용도 거치지 않은 자연적 상태이다. '대타 존재'란 어떠한 변화도 없는 '즉자 상태'에서 빠져나와, 자연적 사태를 부정하면서 변화하여 존재하는 것이 '대타 존재'다.

'대타 존재'는 다시금 자기 부정을 시도한다. 그렇지만, 이번의 부정은 그저 앞선 상태를 부정한 것이 아니라, '즉자 존재'와 '즉자'를 부정한 '대타 존재'를 통합한 것이다. 부정의 부정을 하면서 도달한 것이 '대자 존재'다. '대자 존재' 안에는, 부정된 '즉자'와 '즉자'를 부정한 반대인 '대타 존재'가 통합하여 존재한다.

예를 들어 설명해보자. 우리가 잘 먹는 '두부'를 이용하여 '즉자', '대타', '대자' 존재를 알아보자. '두부'의 원료인 자연 상태 그대로인 콩이 곧 '즉자 존재'다. 그 콩이 자연 상태에서 수확되어(수확되면서 줄기를 부정하고 껍질을 부정하여 마침내 콩알이 된다.) 콩알이 되는 순

172) 『A Hegel Dictionary』 Michael Inwood, Oxford, OX, UK; Cambridge, Massachusetts, USA Blackwell, 1992.

간 '대타 존재'가 된다. '대타 존재'인 콩을 갈고 끓여서(부정에 부정을 더하여) 만든 '두부'가 '대자 존재'이다. 즉 자연 상태를 부정하고 다시 독립적인 콩의 상태도 부정하여 도달한 것이 '두부'가 된 '대자 존재' 이다. 하지만 전체적으로 콩이 가진 '단백질 성분'은 변함이 없다. 이 중에서 헤겔 시대에 확고한 철학적 의미를 두었던 것은 '즉자 존재'뿐 이었는데, 이것은 아리스토텔레스의 '그 자체로서 절대적으로 다른 어떤 것과도 연관되지 않고 있음', 혹은 플라톤의 '이데아Idea'를 뜻하기도 한다.[173)]

'지양 Aufhebung**'**

이 용어에는 세 가지 의미가 담겨 있다. ~ '들어 올리다', ~ 폐기하다, 취소하다', ~ '보존하다'. 보통은 이 중 어느 하나가 경우에 따라 사용되지만, 헤겔은 이 세 가지 의미를 동시에 사용한다.

'체계 System**'**

'헤겔'은 철학은 체계적이고 학문적이어야 함을 주장한다. 그러나 형식주의, 즉 인위적으로 체계화하여 학문에 적용하는 태도에 비판적이었는데 예를 들어 '스피노자'처럼 미리 정해 놓은 '정의'와 '공리'에서 철학을 해석해 나아가는 체계에 대해서는 반대했다(111쪽 '스피노자' 보충학습 자료 참고).

'변증법 Dialektik**'**

어원상으로 '대화의 기술'을 의미하는 '변증법'은 플라톤에게서는 올

173)『논리학 서론 · 철학백과 서론』, G. W. F. 헤겔, 김소영 역, 책세상, 2020. 80쪽.

바른 철학 방법을 가리킨다. 즉 대화 상대자에게 그가 사용해온 어떤 개념의 정의에 대해 계속 질문함으로써 모순적인 지점들을 끌어내는 것이다. '헤겔'에게 '변증법'은 생각을 가진 사람들과 대화 또는 사물을 보는 사람과 그 대상 사이의 대화를 넘어 자율적인 자기 비판까지도 포함한다. '칸트'는 '변증법'에 대해 비판적인 태도를 취했다.

'피히테'[174] 의 '정립These, 반정립Antithese, 종합Synthese'이라는 세 단계 또한 '헤겔'에게 영향을 주기는 했으나, 흔히 알고 있는 것과 달리 '헤겔'은 이러한 도식을 자신의 변증법을 설명하는 데에 사용한 적이 없다.

'헤겔'의 변증법은 세 국면을 포함한다.

첫째, 오성의 단계로 개념이나 범주들을 고정된 것, 명확하게 정의된 것, 서로 구별되는 것으로 여긴다.

둘째, 변증법적, 부정적 이성의 단계이다. 위와 같은 범주들을 반성하는 가운데 모순들이 등장한다.

셋째, 사변적, 긍정적 이성의 단계인데 변증법의 결과로 더 고차적인 새로운 범주가 나타나는데, 이것은 이전의 범주들을 포함하며 거기에 들어 있는 모순들을 해결한다.[175]

〈중학교 철학 2권 끝〉

174) '요한 고틀리프 피히테'(Johann Gottlieb Fichte, 1762년~1814년)는 독일 람멘나우 출신의 철학자이다. '헤겔', '셸링'과 더불어 독일 '관념론'을 대표하는 사상가이다. 철학사적으로는 '지식학'(Die Wissenschaftslehre)을 주로 하였으며 '칸트'의 '비판철학'의 계승자 또는 '칸트'로부터 '헤겔'에 이르는 다리 역할을 한 철학자로 인정되고 있다.

175) 앞의 책 88쪽.

참고문헌

국문 참고 문헌

강대석,『서양근세철학』, 서광사, 1987.

고바야시 쇼헤이,『그래서 철학이 필요해』, 김복희 역, 쌤앤파커스, 2019.

곽철환,『시공 불교사전』, 시공사, 2003.

김준수,『헤겔, 정신의 체계, 자유와 이성의 날개를 활짝 펼치다』, 한길사, 2015.

남수영,《용수龍樹와 월칭月稱의 유부 삼세실유론 귀류 논파》, 한국불교학회지, 2020.

니체,『권력에의 의지』, 강수남 역, 청하, 1988.

데카르트,『방법서설』, 김진욱 역, 범우사, 2009.

돈 마리에타,『쉽게 쓴 서양 고대 철학사』, 유원기 역, 서광사, 2015.

돈연 역,『아함경』, 민족사, 2019.

라캉,『욕망이론』, 권택영, 민승기, 이미선 역, 문예출판사, 1994.

러셀,『서양철학사』, 서상복 역, 을유문화사, 2019.

마르틴 하이데거,『존재와 시간』, 전양범 역, 동서문화사, 2016.

문지영,『홉스 & 로크: 국가를 계약하라』, 김영사, 2007.

박기순,『들뢰즈와 스피노자; 무한의 사유』, 홍익대학교, 2020.
박영욱,『데리다 & 들뢰즈: 의미와 무의미의 경계에서』, 김영사, 2009.
박주영,『중세와 토마스 아퀴나스』, 살림, 2006.
부산대학교 인문학연구소편,《헤겔철학에서 모순과 변증법》 코키토 71, 2012.
'사마천'의『사기』, '노자한비자' 열전 제 3
서양근대철학회 엮음,『서양근대철학』, 창작과 비평사, 2001.
소쉬르,『일반언어학 강의』, 최승언 역, 민음사, 2006.
신승철, 이윤경,『철학의 참견』, 서해문집, 2016.
아리스토텔레스,『니코마코스 윤리학』, 손명현 역, 동서문화사, 2007.
안상진 외,『하이데거 철학의 근본문제』, 철학과 현실사, 1996.
안상헌,『미치게 친절한 철학』, 행성B, 2019.
앙리 르페브르,『현대세계의 일상성』, 박정자 역, 에크리, 2018.
에라스뮈스『우신예찬』, 김남우 옮김, 열린 책들, 2011.
용수,『중론송』, 중론권제일, 관인연품제일, 지음, 구마라습 한역, 2019.
이남인,『통섭을 넘어서』, 서울대학교출판문화원, 2015.
장대익,『과학에는 뭔가 특별한 것이 있다』, 김영사, 2008.
장자,『장자』, 김학주 역, 연암서가, 2010.
카를 바르트,『이해를 추구하는 믿음-안셀무스의 신학적 체계와 연관된 신 존재 증명』, 김장생 옮김, 한국문화사, 2000.
칸트,『순수이성비판』, 최재희 역, 박영사, 2021.
콘퍼드,『종교에서 철학으로』, 이화여자대학교출판문화원, 1995.
토머스 모어,『 유토피아 』, 박문재 옮김, ㈜ 현대지성, 2020.
플라톤,『국가론』, 이환 옮김, 돋을 새김, 2015.
플라톤,『국가론』, 집문당 편역, 1997.
플라톤,『국가론』, 천병희 역, 숲, 2013.
『한국민족문화대백과사전』, 한국학중앙연구원, 2022.
헤겔, 『정신현상학』(청소년 철학창고 38), 김은주 풀어씀, 도서출판 풀빛, 2019.
홉스,『리바이어던』, 최공웅, 최진원 역, 동서문화사, 2016.

B. 스피노자, 개정판『에티카』, 강영계 역, 서광사, 2018.
G. W. F.헤겔,『논리학 서론 · 철학백과 서론』, 김소영 역, 책세상, 2020.
Rene Descartes,『방법서설』, 소두영 역, 동서문화사, 2016.
Roger Scruton,『스피노자』, 정창호 역, 시공사, 2000.

영문 참고 문헌

Clarke, Desmond M,『Descartes: a biography』, New York: Cambridge University Press, 2006.

Delanty, Gerard,『Modernity』Blackwell Publishing. Blackwell Encyclopedia of Sociology, 11 vols. 2007.

Greco, John,『The Oxford Handbook of Skepticism』, Oxford University Press, 2005.

Hegel, Georg Wilhelm Friedrich,『The phenomenology of spirit』, Cambridge Hegel Translations. Translated by Pinkard, Terry. Cambridge: Cambridge University Press, 2018.

LORD BACON,『NOVUM ORGANUM』, EDITED BY JOSEPH DEVEY, M.A, 2014.

Michael Inwood,『A Hegel Dictionary』, Massachusetts, USA Blackwell, 1992.

Steven Nadler,『SPINOZA A Life』, New York: Cambridge University Press, 1999.

찾아보기

[인명]

[내용]

ㅊ

ㅋ

ㅌ

저자 소개

김준식

2022년 중학교 철학을 출간하고 1년이 지난 2023년 중학교 철학 2권을 출간한다. 매일이 그렇고 매월이 그렇고 매년이 그렇듯이 정신없이 보낸 1년이었다. 언제나 개인적 한계를 경험하고 좌절하지만 다시 힘을 내서 그 한계를 넘어서려고 노력한다. 이제 정년이 얼마 남지 않았다. 남은 기간 동안 스스로의 한계에 계속 도전하고 또 주저 앉고 일어서기를 멈추지 않을 것이다.

중학교 철학 2

2023년 6월 25일 1판 1쇄 인쇄
2023년 6월 30일 1판 1쇄 발행

저　자 • 김준식
발행인 • 한정주
발행처 • 교육과학사

경기도 파주시 광인사길 71
전화 • 031)955-6956~8 / 팩스 031)955-6037
Home-page • http://www.kyoyookbook.co.kr
E-mail • kyoyookbook@daum.net, kyoyook@chol.com
등록 • 1970년 5월 18일 제2-73호

정가 13,000원

ISBN 978-89-254-1786-8

낙장·파본은 교환해 드립니다.
Printed in Korea.